Brücken ...
Schriften zur Interdisziplinarität
Hrsg.: PD Dr. Günther Bergmann

Die Schriftenreihe „**Brücken ...**" nimmt ihren Ausgang von der Tradition der Heidelberger Brückenkongresse, die seit 1986 jeweils im Wechsel von der Sektion Klinische Psychosomatik der Abteilung für Allgemeine Klinische und Psychosomatische Medizin der Medizinischen Universitätsklinik Heidelberg und der Sektion Allgemeinmedizin veranstaltet werden. Aus dem Brückenschlag zwischen diesen beiden Disziplinen – Psychosomatik und Allgemeinmedizin – entwickelte sich zunehmend ein Forum für interdisziplinäre Fragen. Nicht nur eine wiederholte Überprüfung des Verhältnisses von „Allgemeinem" zu „Speziellem", sondern auch die notwendige Orientierung zusammen mit anderen Disziplinen wie Philosophie, Theologie, Sozialmedizin, Epidemiologie u.a. sowie differenzierte methodische Ansätze traten zunehmend in der Vordergrund.

In der Medizin ist es zu einer unvermeidbaren zunehmenden Spezialisierung und Fragmentierung gekommen. Die Reihe „**Brücken ...**" will diese Problematik aufgreifen und durch Schriften und Beiträge die Möglichkeit geben, ein spezielles Thema aus unterschiedlichen Disziplinen und methodischen Standpunkten zu beleuchten. Der Zugang hierzu kann in Form empirischer Forschungsergebnisse, phänomenologischer und hermeneutischer Darstellungen oder als origineller kasuistischer Beitrag erfolgen. Mehrere Autoren werden zu den jeweiligen unterschiedlichen methodischen Ansätzen und Schulen Stellung nehmen.

Interdisziplinarität setzt die Fähigkeit voraus, Ergebnisse zur Disposition zu stellen, ggfs. zu verwerfen. Sie impliziert die Intention, ein neues Modell aus dem zunächst methodisch-systematisch begründeten, solipsistischen Vorgehen sich entwickeln zu lassen, welches anthropogenen Zielsetzungen angemessen ist. Medizin als Humanwissenschaft ist einer solchen Zielsetzung ganz besonders verpflichtet, da sie sich ständig der Überprüfung im Selbst des anderen, der Beziehung zum Patienten, dem Erleben im sozialen Umfeld und der Begrenzung körperlichen Leids stellen muß.

Ausgehend vom Kernfachgebiet der **Psychosomatischen** und **Psychotherapeutischen Medizin** sollen **Brücken** zu anderen medizinischen Fachgebieten und verwandten Wissenschaftsbereichen geschlagen werden.

Die Reihe wendet sich an praktisch tätige und wissenschaftlich interessierte PsychotherapeutInnen, ÄrztInnen, PsychologInnen, PsychoanalytikerInnen, SozialwissenschaftlerInnen, SozialpädagogInnen, TheologInnen, PhilosophInnen und SozialmedizinerInnen.

Christoph Hennch, Andreas Werner,
Günther Bergmann (Hrsg.)

Formen der Supervision

Supervisionskonzepte
und Praxis im Klinikkontext

Die Deutsche Bibliothek – CIP-Einheitsaufnahme

Formen der Supervision : Supervisionskonzepte und Praxis
im Klinikkontext / Christoph Hennch ... (Hrsg.). – Frankfurt am Main :
VAS, 1998
    (Brücken ...; Bd. 3)
    ISBN 3-88864-227-2

©   1998 VAS – Verlag für Akademische Schriften
    Alle Rechte vorbehalten

Umschlag: Daniela Hofmann-Jordan, Frankfurt am Main
Zeichnung: Friedrich Dicke, Wermelskirchen
Druck: F.M. Druck, Karben
Vertrieb: VAS, D-60486 Frankfurt, Kurfürstenstraße 18

Printed in Germany · ISBN 3-88864-227-2

Inhalt

Vorwort 7

Teil I: Supervisionskonzepte 11

Arthur Trenkel:
Balint-Arbeit und Supervision 12

Jochen Schweitzer, Arist v. Schlippe:
Fallsupervision, Team- und Organisationsberatung
aus systemischer Sicht 21

Jörg Fengler:
Supervision aus gruppendynamischer Sicht 42

Werner Beck:
Grundlagen gruppenanalytischer Supervision 58

Peter Fürstenau:
Psychoanalytisch-systemische Teamsupervision im
psychiatrisch-psychosomatischen Bereich zwecks
Förderung der Teamentwicklung 71

Teil II: Praxis der Supervision im Klinikkontext 83

Hans Ferner:
Supervision in Institutionen 84

Andrea Wittich, Birgit Murjahn, Wilfried Dieterle:
Konfliktlösung auf Stationen: Supervisionsdienst
für Pflegepersonal und Stationsteams 99

Hermann Widauer:
Das Salzburger Modell: Externe Supervisoren als Team
im Krankenhaus 112

Andreas Werner & Christoph Hennch:
Evaluation von Stationsteam-Supervision in der Inneren Medizin 125

Autorinnen und Autoren 140

Vorwort

Supervision ist: „... eine Beratungsmethode, die zur Sicherung und Verbesserung der Qualität beruflicher Arbeit eingestzt wird. Supervision bezieht sich dabei auf psychische, soziale und institutionelle Faktoren." (Deutsche Gesellschaft für Supervision, 1996)

Im Rahmen einer klinisch-psychosomatischen Perspektive hat sich die Reflexion der Beziehung von Ärzten, Pflegenden und Psychologen zu ihren Patienten als zentrales Moment therapeutischen Handelns erwiesen.

Supervision hat sich jedoch auch in diesem Kontext von ihrer ursprünglichen Bedeutung als fallbezogene Supervision im Rahmen der Psychotherapie entscheidend weiterentwickelt. Durch die verschiedenen methodischen Ansätze und Techniken in der Psychotherapie sowie durch unterschiedliche Praxisfelder hat Supervision eine Vielfalt an Variationen erreicht. Begriffe wie Intervision, Coaching, Qualitätszirkel, Training o.ä. können die Kontur unscharf werden lassen oder führen zu Mißverständnissen.

Supervision ist letztlich nur möglich über die Interaktion von Menschen. In ihrer originären Form ging es um die Situation im therapeutischen Prozeß, die Interaktion in der Zweierbeziehung, der Dyade. In dieser Form, könnte man sagen, stellte und stellt die Supervision eine besondere Form der Triangulierung dar.

In allen erweiterten Formen von menschlichen Beziehungen und Interaktionen hat sie jedoch auch heute ihren Platz: im Bereich der Institution mit ihrem vielfältigen Beziehungs- und Interaktionsgeflecht, in der Paar- und Familientherapie, in der Gruppentherapie.

Der vorliegende Band greift diese verschiedenen methodischen Ansätze und die unterschiedlichen Einsatzgebiete in *Teil I* auf:

Durch Arthur Trenkel (Bern) werden Besonderheiten und Abgrenzungen zur Balintarbeit dargestellt; die Praxis der systemtheoretisch orientierten Supervision wird von Jochen Schweitzer (Heidelberg) und Arist von Schlippe (Osnabrück) beschrieben.

Die Gruppe als soziales Atom und therapeutische Möglichkeit wird im Hinblick auf die Supervisionskonzepte aus gruppendynamischer Sicht von Jörg Fengler (Köln) geschildert, aus gruppenanalytischer Perspektive von Werner Beck, (Darmstadt).

Nicht unbeeinflußt von den Entwicklungen im Bereich der psycho-therapeutischen Methoden zeichnen sich auch bei der Supervision schulenübergreifende Konzeptualisierungen ab. Dies wird durch den Beitrag von Peter

Fürstenau (Düsseldorf) verdeutlicht, der aus einer psychoanalytisch-systemischen Perspektive die Lösungsorientierung supervisorischer Tätigkeit einfordert.

Lösungs- oder Zielorientierung können als zentrale Momente eines kognitiv-behavioralen Supervisions-Ansatzes verstanden werden. Ein Ansatz aus diesem Bereich konnte leider in diesem Band noch keinen Niederschlag finden, obwohl mittlerweile auch hier sich Konzepte zunehmend entwickeln (siehe z.B. Fiedler, 1996).

Im Kontext der Weiterbildung, aber auch im Hinblick auf die Psychohygiene der „Helfer", haben sich verschiedene Methoden für unterschiedliche Zielgruppen entwickelt.

Teil II des vorliegenden Bandes ist der Supervisions**praxis** gewidmet und stellt Konzepte vor, die Struktur, den Prozeß und die Ergebnisse **empirisch** zu belegen. Hier stehen wir in der Forschung am Beginn und der Band soll hierzu weitere Anregungen geben. An verschiedenen Stellen, besonders institutioneller Art, sind Forschungsprojekte zwischenzeitlich in Gang gesetzt worden. Ein Beispiel hierfür ist die Supervision des Stations-Teams im Krankenhaus, die sowohl mit dem Ziel der Entlastung wie auch der Förderung der Teamfähigkeit eingesetzt wird.

Die Grundprinzipien, die sich aus dem Aufgabenfeld Supervision in der Institution Krankenhaus ergeben, werden von Hans Ferner (Tecklenburg) reflektiert. Anschließend werden drei Modelle der Supervision im Krankenhaus vorgestellt, wie sie in Salzburg von Hermann Widauer, in Freiburg durch die Arbeitsgruppe um Andrea Wittich und in Heidelberg von Andreas Werner entwickelt und praktiziert werden.

Diese Praxisbeispiele zeigen zudem, daß Supervision heute einen Forschungsgegenstand mit zunehmender Bedeutung darstellt, der wiederum mit unterschiedlicher Methodik (Einzelfalldarstellung, phänomenologisches und hermeneutisches Vorgehen, empirischer Ansatz) erforscht werden kann. Dabei ergibt sich die Bedeutung der empirischen Evaluation von Supervision gleichermaßen durch ihren Beitrag zur Qualitätssicherung und -verbesserung („Legitimationsforschung") und nicht zuletzt im Rahmen der Theoriebildung supervisorischer Prozesse.

Der vorliegende Band wurde anläßlich des 10. Heidelberger „Brücken-Kongresses" im Mai 1996 zum Leitthema „*Supervision*" zusammengestellt. Dabei hat sich für uns der Brückengedanke mit dem Überschreiten von trennenden Flüssen in der Art und Weise verwirklicht, wie Unterschiede und Gemeinsamkeiten, Übergänge und gegenläufige Strömungen zwischen den Supervisionsmodellen dargestellt und diskutiert werden können. Wir hoffen, daß sich dem Leser diese Zielsetzungen mitteilen.

An dieser Stelle möchten wir es nicht versäumen uns für die zuverlässige Unterstützung von Claudia Jansen, Esther Sohn und Maria Gerwing zu bedanken.

Ch. Hennch, A. Werner, G. Bergmann

Heidelberg, im Oktober 1997

Teil I

Supervisionskonzepte

Balint-Arbeit und Supervision

Arthur Trenkel

Vermutlich bin ich nicht der erste und einzige Referent eines Heidelberger „Brücken-Kongresses", der über die Brücke als Metapher philosophiert und diese zum sogenannten Einstieg gebraucht. Ich weiß indes nichts von diesbezüglichen Vorgängern und fühle mich folglich unbefangen „wie am ersten Tag". Unbefangenheit ist mir aber nicht nur für den Zugang zur „Brücken-Tagung" wichtig, sondern hat auch bei meinem Thema einen hohen Stellenwert. Lassen Sie mich noch etwas bei der Brücke verweilen und über sie phantasieren.

Zunächst ist eine Brücke zweifellos ein von Menschenhand errichtetes Bauwerk zur Verbindung von Ufern, die durch Wasser oder irgendwelche Abgründe getrennt sind. Ich erlebe eine Brücke jedoch wesentlich anders, wenn ich als eiliger Autofahrer die schnellste Verbindung von Ort zu Ort suche oder wenn ich wandernd in der Landschaft unterwegs bin und mir dafür Zeit nehme. Im ersten Fall gebrauche ich die Brücke gleich wie die Autobahn vorab als zweckdienliche Einrichtung, beim Wandern bietet sie sich mehr als Ort des Innehaltens und der Orientierung an, als ein Wegstück, auf dem ich auch so etwas wie den Sinn meines Unterwegs-Seins überhaupt erspüren kann und nicht allein den Aspekt der Zweckmäßigkeit in Betracht ziehe. So soll mir auch hier die Metapher der Brücke nicht in erster Linie als Leitbild für die solideste Konstruktion einer Verbindung von getrennten Bereichen dienen, sondern vielmehr als Sinnbild für ein noch Offenes, das als solches dazwischen liegt. Die Brücke ist so nicht allein als Überbrückung von zwei Ufern zu erfahren; sie erscheint vielmehr als ein dritter Ort, von dem aus ich meinen Blick nach allen Seiten wenden kann, nicht nur zurück und nach vorn, auch in die Tiefe und in die Höhe, als ein Ort somit, an dem mein Blick frei wird und ich der Möglichkeit eines unbefangenen Schauens überhaupt gewahr werde.

Auf der Brücke öffnet sich folglich ein Raum, in dem ich meinen eigenen Blick finde; ich werde im Raum, den sie erschließt, selbst jemand, der frei beweglich schauen, der hinschauen kann, nach hinten, nach vorn, nach links und rechts, nach oben und unten, nach außen und innen; ich werde ein erlebendes Subjekt, einer, den es leibhaftig gibt, der selbst sieht und sich auf seinen Weg besinnen kann.

Ich fürchte bereits, Ihre Geduld über Gebühr zu strapazieren, wenn ich mir soviel Zeit und Raum für nutzlose Gedanken nehme und nicht endlich zur Sache komme. Vielleicht reißt Ihnen der Geduldsfaden vollends, wenn ich jetzt bekenne, daß ich diese Brücke, wie sie mich aus der hiesigen Leitidee anspricht und mir einen offenen Raum anbietet, in Wahrheit gar nicht mehr verlassen will, sondern sie in ihrer metaphorischen Bedeutung zu meinem eigentlichen Standort erwählt habe. Ich nehme die Heidelberger Brücke als Ort in Anspruch, von wo aus ich frei und mit eigenem Blick hinschauen kann, und so will ich nun doch zur Sache kommen, indem ich zunächst hinschaue auf das Thema, für welches ich an den Neckar eingeladen worden bin.

Mein Thema ist vor allem die *Arbeit in Balint-Gruppen*. Die Gruppenarbeit nach Balint ist vor allen Dingen eine *Praxis* und nicht ein Stoff für Aufsätze. Ich will mich dennoch der Aufgabe stellen, eine eminent lebendige, komplexe und dialogische Erfahrungswirklichkeit in der Sprache eines monologischen Diskurses einfangen und wiedergeben zu wollen.

Ich will dieses Thema, Balint-Arbeit und Supervision, von der Brücke im besagten Sinn her betrachten, d.h. in einer Blickperspektive, die nicht ohne weiteres diejenige des heutigen Wissenschafts-, Forschungs- und Lehrbetriebes ist, in der Balint-Arbeit aber gerade als wesentlicher Kern der Sache zur Geltung kommt, nämlich im Blick der persönlich erlebten Erfahrung. Wenn ich somit „auf der Brücke" bleibe bzw. den Ort oder Raum nicht verlasse, von wo das freie Hinschauen möglich ist, bin ich in meinem Verständnis auch bereits beim Kern meiner Sache, vor allem beim Kern der Balint-Arbeit, die ich im folgenden ganz ins Zentrum stellen will. Ich muß dazu gleich anfügen, daß in meiner Optik und in meiner eigenen Praxis das Wesentliche der Balint-Arbeit, eben die persönlich erlebte Erfahrung, auch in der Psychotherapie-Supervision durchaus im Vordergrund steht und sich mir entsprechend bewährt hat, so daß für mich heute die beiden Tätigkeiten nicht grundlegend voneinander abzugrenzen sind. Gewiß ist hierbei auch von Bedeutung, daß ich schon einige Jahre Erfahrung in der Leitung von Balint-Gruppen gesammelt hatte, bevor ich mit Psychotherapie-Supervision in psychiatrischen Institutionen beauftragt wurde.

Lassen Sie mich also vor allem auf die Balint-Arbeit hinschauen, dies aber nicht in allgemeiner Fragestellung nach Zweck und Gehalt einer Methode oder gar Technik mit klar umschriebener Zielvorstellung und entsprechenden Handlungsanweisungen. In solcher Fragestellung hätte ich mich wohl zu entscheiden, ob die Balint-Gruppe ein kasuistisches Seminar ist, wo sogenannte Problempatienten besprochen werden, ob sie eine Psychotherapie von Ärztinnen und Ärzten bzw. eine mildere Form von Selbsterfahrung ist, ob sie eine Fortbildung für psychosomatisch interessierte Kolleginnen und Kollegen oder mehr eine Fortbildung für psychotherapeutisch interessierte Ärzte ist, oder ob sie – wie hier – eine Form von Supervision ist oder ob sie gar zur Anweisung für „richtiges" Verhalten dem Patienten gegenüber dient. Ist die Balint-Gruppe möglicherweise nichts von alledem? Redet man einfach miteinander? Über Patienten? Über sich? Handelt es sich um ein „Spiel ohne Grenzen" in einem undurchsichtigen Beziehungsdickicht?

Abgesehen von den letzten Varianten könnte ich schwer bestreiten, daß vom Aufgezählten immer auch etwas zutreffend ist, wobei ich allerdings in meiner Sicht jedesmal ein „Ja, aber ..." beifügen müßte, und überhaupt müßte ich mich dagegen wehren, daß die Batint-Arbeit schnellfertig zu einem maßgerechten Zimmer im Schulhaus der kodifizierten Methoden und Verfahren zurechtdefiniert werden soll. So ist in meinem Verständnis die Balint-Arbeit auch keine Form von Supervision, sondern ein „Ganz-Anderes".

Ich will mich bei dem Versuch, sichtbar zu machen, was ich mit dieser Behauptung meine, wenn immer möglich keines akademischen Stils bedienen, sondern eine Redeweise wählen, die zum Thema der Balint-Arbeit paßt, nämlich die des Erzählens. In dieser Absicht möchte ich zunächst auf die konkrete Balint-Praxis hinschauen und gerafft erzählen, was mir im heutigen Blick als das wesentliche Geschehen in einer Gruppensitzung erscheint. Ich setze voraus, daß Sie die Balint-Arbeit aus persönlicher Erfahrung einigermaßen kennen oder zumindest schon auf diesem Acker „geschnuppert" haben. Wenn dem so ist, so wissen Sie, daß jede Sitzung mit einer Erzählung beginnt, indem eine Kollegin oder ein Kollege von der Geschichte ihrer/seiner Erfahrungen mit einem Patienten berichtet. Schon diese Erzählung teilt sich nicht allein über das gesprochene Wort bzw. über sprachliche Information mit, sondern ebenso über die Mimik und Gestik der/des Erzählenden, über den Tonfall und den Fluß der Stimme, kurz – über die Körpersprache im weitesten Sinn mit all ihren unwillkürlichen und unbewußten Nuancen. Entsprechend mehrdimensional ist die Aufnahme des Vermittelten bei den Zuhörern. Die Gruppe als ganzes ist für das Erzählte gleichsam ein amplifizierender Klangkörper, der aber nicht bloß zurückspiegelt, was vom Berichtenden ausgeht, sondern das Aufgenommene dank eigener Lebendigkeit seiner Teile, der einzelnen Gruppenmitglieder, in vielfältig neuer Beleuchtung wiedergibt. So wird ein komplexer Erlebnisaustausch möglich, wobei der Leiter oder die Leiterin sich darum bemüht, die Resonanz, welche die anfängliche Erzählung bei den Kolleginnen und Kollegen auslöst, als spezifische Antwort auf diese zu hören und sie mit der in ihr erscheinenden und sich verbergenden Beziehungswirklichkeit in Konnex zu bringen. Dabei bemüht er/sie sich speziell um das dialogische Wechselspiel zwischen dem Erzähler und den Reaktionen, welche dessen Bericht in der übrigen Gruppe induziert. Am Ende geht es nicht um richtige oder falsche Expertenaussagen, sondern darum, was dem Erzähler durch die Gruppenresonanz durchsichtig wird, was ihm selbst in neuem Blick einleuchtet oder aufgeht, kurz – was er vom gesamten Spektrum des Zurückgespiegelten für sich und seinen Patienten brauchen kann.

Ich bin mir sehr bewußt, daß ich in den trockenen Worten, in denen ich den Ablauf einer Gruppensitzung nachzeichne, kaum mehr als die Oberflächenwirklichkeit eines unendlich viel komplexeren Geschehens zur Sprache bringen kann. Es soll mir aber hier nicht darum gehen, Ihnen eine erschöpfende Darstellung einer „guten Balint-Gruppensitzung" oder gar der Balintgruppen-Arbeit schlechthin zu liefern, sondern ich will wie gesagt mit eigenem Blick auf eine Praxis hinschauen, wie sie mir vertraut ist, und dabei insbesondere versuchen, den mir wesentlich scheinenden Kern ins Auge zu fassen, gleichsam als zentrales Thema, von welchem es mehrere Variationen geben kann.

Wenn ich mein Hinschauen nochmals auf diesen Kern konzentriere, möchte ich hervorheben, daß das „Kernhafte" m.E. nicht in einer so oder so beschaffenen und entsprechend definierbaren Gegenständlichkeit besteht, vielmehr als ein Raum erscheint, der den Gruppenteilnehmern erlaubt, eigenes Erleben in bezug auf eine mitgeteilte Beziehungserfahrung wahrzunehmen, ernstzunehmen, zur Sprache zu bringen und sich damit auf ein dynamisches Wechselspiel mit andern Mitspielern einzulassen, jeder und jede in individueller Erlebensfähigkeit. Dieser offene, unverstellte Erfahrungsraum erlaubt einen kreativ-imaginativen Prozeß; er ist es, der neue Horizonte und Perspektiven erschließt. Es gilt folglich, diesen Raum immer wieder zu öffnen und zu erhalten, wenn er durch verallgemeinerndes Wissen aller Art, mag es noch so gescheit und „richtig" sein, zugedeckt, verstellt oder – wie ich gerne sage – „wegverstanden" zu werden droht. Der freie Raum, der offene Erlebens-, Erfahrungs-, Spielraum, den ich hier ins Zentrum stelle, macht das erlebende Hinschauen – wie von meiner Heidelberger Brücke – erst möglich; er ist somit das essentielle Forum der Balint-Praxis.

Hingeschaut wird in jeder Gruppensitzung auf die jeweils durch den Erzähler vermittelte besondere Beziehungserfahrung im dazugehörigen Berufsfeld, d.h. auf ein spezifisches Beziehungsgeschehen zwischen einem Arzt/einer Ärztin und einem Patienten/einer Patientin, und dies so, wie es sich in der Mitteilung eines Beteiligten zeigt und verbirgt. Ebenso wird hingeschaut und hingehört, wie das Vernommene bei den andern Teilnehmern „ankommt", was es bei ihnen auslöst und was schließlich das Gruppengespräch insgesamt hervorbringt. Immer geht es um ein Hinschauen auf das, was ist und wie es ist, was geschieht und wie es geschieht, auf die hier und jetzt erlebte Beziehungswirklichkeit in manchen Aspekten und Dimensionen. Vielfalt und Vieldeutigkeit dürfen, ja sollen sich ausbreiten; sie sind das „Material", an dem gearbeitet wird, und es handelt sich nicht darum, diesen lebendigen Stoff möglichst schlüssig auf Eindeutigkeit zu reduzieren.

Wir konzentrieren uns in der Balintgruppen-Praxis auf ein Erleben, dessen „Rohstoff" in ursprünglich offene Wirkungsräume des Zwischenmenschlichen gehört, wobei wir fortwährend mit der Schwierigkeit konfrontiert sind, bei dieser primären Erfahrungsdimension zu bleiben und nicht dem Generalisierungs- und Normierungs-Sog zu erliegen, der das persönlich Erlebte, das Subjektive, möglichst allgemeinverbindlich zu verstehen und zu anonymisieren trachtet. Wir erfahren ständig und anschaulich, wie unmittelbar gegebene Möglichkeiten zwischenmenschlicher Wahrnehmung in unserer professionellen Sphäre nur gegen große Widerstände gebraucht werden können, ja wie sie in der Regel fast systematisch ausgesperrt und vermieden werden. Anderseits erfahren wir auch immer neu, wie dieses habituelle Vermeiden nur sehr vordergründig gelingt, und daß es – wenn es zu gelingen scheint – in mehrfacher Bedeutung des Wortes seinen Preis hat.

Lassen Sie mich jetzt hinschauen auf das, was im einzelnen Arzt durch seine aktive und rezeptive Teilnahme an einer Balint-Gruppe geschieht oder zumindest geschehen kann, wenn diese Teilnahme über ein bloßes Schnuppern hinausgeht und eine gewisse Konstanz erreicht. Ich meine, daß die in jeder Gruppensitzung sich wiederholenden und doch immer neu sich darstellenden Erfahrungen früher oder später bei den Beteiligten eine bedeutsame Umorientierung in Gang bringen, welche nicht im Bereich des erlernten Wissens und Könnens liegt, sondern in der Person des einzelnen Therapeuten geschieht. Diese Umorientierung – ich nannte und nenne sie die Umstellung der Einstellung – geht zwar in der Person des Therapeuten vor sich, aber nicht unabhängig von seiner beruflichen

Erlebenswelt (wie beispielsweise eine psychoanalytische Selbsterfahrung), sondern sehr spezifisch auf das Professionelle bezogen und auf dieses begrenzt.

Zur Veranschaulichung möchte ich eine Erfahrung besonders herausstellen, die sich mir im Lauf der Jahre zunehmend als bedeutsam gezeigt hat, und die vielleicht auch illustriert, in welcher Richtung sich die genannte Umorientierung des Therapeuten bewegt. Vielen von Ihnen ist das Phänomen vermutlich aus eigener Erfahrung vertraut; es läßt sich übrigens ebenso häufig und ebenso essentiell in der Supervisionstätigkeit erleben. Bezogen auf die Balint-Gruppe besteht es darin, daß jede Sitzung die Beteiligten erfahren läßt, wie die anfänglich nicht-involvierten, aber zuhörenden Teilnehmer für den erzählenden Kollegen speziell dadurch hilfreich werden, daß sie in ihrem empathischen Mitgehen deutlich unbefangener und beweglicher sind als der Referent, was im Verlauf des Gesprächs auch diesem zunehmend erlaubt, seinerseits beweglicher zu werden und so neue Wahrnehmungsmöglichkeiten im Blick auf die eigene Mitteilung zu finden. Der Erzähler gewinnt eine veränderte Einstellung, die sich speziell durch Lockerung und Flexibilität charakterisieren läßt. Die Möglichkeit, in der Gruppe das subjektive, meist unbewußte Involviertsein darzulegen, wirkt dabei als solche schon befreiend; sie erlaubt eine innere Distanzierung durch Loslassen, welcher Prozeß durch das Gruppengespräch in der Regel noch intensiviert und gleichzeitig einsichtig wird. Entsprechend erfahren alle übrigen Beteiligten in jeder Sitzung den Stellenwert ihrer ursprünglichen Unbefangenheit, und ebenso erleben sie – sei es mit sich selbst oder bei den andern – wie unterschiedlich die Wahrnehmungsmöglichkeit sein kann, je nachdem man als involvierter Berichtender oder als freier „Mitspieler" am Geschehen teilnimmt.

Solche und manch andere Erfahrungen lassen die Beteiligten mehr und mehr den Wert des eigenen Erlebens im individuellen Zugang zum Erleben des Patienten wahrnehmen, d.h. die entsprechende Fähigkeit wird zunehmend als unverzichtbares berufliches Werkzeug erkannt. Es ist dieser Prozeß, den jeder und jede in sich und mit sich selbst durchläuft, den ich die Umstellung der Einstellung nenne; er beginnt in der Gruppe, findet in der eigenen Praxistätigkeit seine Fortsetzung und dort auch seine unerschöpfbare Entfaltung.

Bei all dem führt der Praktiker – außer sich selbst – nichts Zusätzliches in seine Arbeitswelt ein; er wird sich indes vermehrt bewußt, wie er sich in ihr unabhängig von der Fachdisziplin, in welcher er praktiziert, von vornherein und unumgänglich in einem Spannungsfeld von unterschiedlichen

Wahrheitsperspektiven aufhält, die sich nicht auf den gleichen Nenner bringen lassen. Das Spannungsfeld gehört zur Praxis selbst und ist nur in einem seiner Pole durch Fachspezifisches bestimmt. Einem unbefangenen Hinschauen von meiner „Brücke", welche jetzt für die Balint-Erfahrung als Ganzes steht, zeigt sich dieses Spannungsfeld so, daß alle Ärzte, Therapeuten und auch Pflegepersonen mit dem einzelnen Patienten stets auf zwei Ebenen konfrontiert sind: Einerseits dort, wo allgemeines Wissen und Können seinen Platz hat, d.h. auf der fachlich-technischen Ebene, und anderseits auf der Ebene der personalen Beziehungserfahrung, die wir in der Balint-Arbeit besonders wahr- und ernstzunehmen lernen. Ungewohnt und damit wirklich „ganz anders" ist bei diesem Lernen die grundlegende Einsicht, daß wir dieses Spannungsfeld nicht als Kombination oder Addition verschiedener Wissensgebiete erfahren, sondern daß es sich – wie schon ausgeführt – im beruflichen Bewußtseinshorizont des einzelnen Therapeuten ausbreitet, d.h. zwischen seiner krankheitszentrierten Fachperspektive und der jeweilig patientenzentrierten Beziehungsperspektive.

Im Praxisalltag zeigt sich das betreffende Spannungsfeld oft in Form eines unwillkürlichen Wechselgeschehens zwischen fachlich eingegrenztem Verstehen, Verhalten und Handeln einerseits und überraschendem Beziehungserleben anderseits. Der Umstand, daß Beziehungsphänomene eigenen Gesetzen folgen und so oft in bezug auf fachlich bestimmtes Handeln „aus dem Rahmen" fallen, heißt nicht notwendig, daß sie ohne Bedeutung und wirkungslos wären. Bei näherem Hinschauen im Praxisraum selbst erweist sich nämlich der „Rahmen", aus dem das Erlebte nicht selten herausfällt, letztlich als unsere eingeschulte Sichtweise der objektivistisch-technischen Einstellung, die sich lange Zeit für die einzige Erkenntnismöglichkeit gehalten hat, in unseren Tagen aber doch zunehmend ihre Grenzen erkennt. In unserer Praxis, unabhängig vom Fachgebiet, leben und arbeiten wir m.E. immer auf dieser Grenze; wir brauchen nicht zu warten, bis Wissenschaftstheoretiker uns die Erlaubnis geben, entsprechendes Grenzgeschehen wahrzunehmen und damit umzugehen.

Wahrscheinlich ist es nicht überflüssig, speziell darauf hinzuweisen, daß das Spannungsfeld, von dem ich rede, nicht identisch ist mit unserer gewohnten Spaltung zwischen „psychisch" und „somatisch". Es ist längst evident und wird es immer mehr, daß auch im Psychobereich letztlich dieselbe objektivistisch-technische Einstellung vorherrschend wird, die zuvor im Bereich des Körpers weitgehend zum Absolutum geworden ist. In der Balint-Arbeit gehen wir deshalb nicht – oder nicht mehr – davon aus, daß alle Beziehungserfahrung von vornherein und unbesehen als „psychisch" zu verstehen sei. Wir haben neu zu sehen gelernt, daß sich in jeder sogenannt somatischen Praxis viel „Beziehung" auch im Bereich des Leibes darstellt; ich verweise nur – als banalstes Beispiel – auf die alltäglichen Körperuntersuchungen im Sprechzimmer und am Krankenbett. Die leibliche Dimension der Arzt-Patient-Beziehung wurde speziell in Frankreich als „Corps-à-Corps" (M. Sapir) zur Geltung gebracht, vielleicht auch wieder etwas einseitig, aber in meiner eigenen Erfahrungsgeschichte bekam dieser Beziehungsaspekt, vor allem in seinen unbewußten Dimensionen, im Lauf der Jahre einen hohen praktischen Stellenwert.

Wir haben in der Balint-Arbeit allgemein, freilich auch in mancher Supervisionstätigkeit, unseren Blick für die Auswirkungen der fortschreitenden methodischen Spaltung und Aufsplitterung von empirisch Zusammengehörendem, wie es sich beim einzelnen Patienten zeigt, geschärft. Speziell sind wir uns einer Konsequenz innegeworden, die den praktischen Alltag und auch uns selbst am empfindlichsten tangiert, nämlich derjenigen der progressiven Ent-Subjektivierung oder Enteignung des Einzelnen in bezug auf sein körperliches wie auch sein psychisches Selbsterleben. Der Zugang, den wir über die Beziehung zu diesem Einzelnen finden, ist deshalb nicht eine bloße Spielerei, sondern eine notwendige Korrektur im heutigen Versorgungsbetrieb, und diese Korrektur scheint nicht Sache der Wissenschaft, sondern vorab Sache der Praxis, auch dann, wenn sich diese Praxis in einem Krankenhaus entfaltet. In der Praxis begegnen wir immer dem einzelnen Patienten, und zwar nicht nur dort, wo seine Krankheit oder Störung ein fachliches Wissen und Können herausfordert, sondern ebenso in dem Bereich, wo er selbst ein erlebendes Subjekt mit Freud und Leid, Bangen und Hoffen, Lust und Frust ist, vor all dem aber eine Individualität mit dem Wunsch – und der Angst – in ihrem eigenen Erleben wahrgenommen und anerkannt zu werden. Die Beziehungserfahrung ist insofern das Andere, als sie einen unmittelbaren Zugang zum Subjekt des Einzelnen erschließt, d.h. zum lebendigen Anderen, und wer wüßte nicht, daß dieses Lebendigsein Leib und Seele angeht, und wer wüßte nicht, daß es speziell in bezug auf gesund und krank von einiger Bedeutung ist.

Dieser unmittelbare Zugang zum subjektiv erlebenden Patienten ist freilich kein Reservat der Balint-Arbeit; für mich ist er längst auch in der Supervision die „via regia" geworden, dies auch mit Kolleginnen und Kollegen, die nicht schon eine Balint-Erfahrung mitbringen. Was den Unterschied der beiden Bereiche, Balint-Gruppe und Supervision, betrifft, so kann ich mit Blick auf meine Erfahrung vor allem darauf hinweisen, daß ich in der

Supervision den beschriebenen Zugang viel aktiver suche als in der Balint-Gruppe, wo ich mich möglichst darauf beschränke, beim Erleben der Teilnehmer zu bleiben und meine eigenen Gefühle, Empfindungen und Phantasien nur selten im Sinne einer Schrittmacherhilfe einbringe.

Abschließend noch ein Wort zur Spezifität der praktischen Beziehungswirklichkeit als Erkenntnis: Wenn wir uns auf den Zugang zum Anderen über unsere konkret-besondere Beziehungserfahrung mit ihm konzentrieren, wollen wir nicht alles verstehen, was immer im Umkreis des Vernehmbaren in vorgegebenen Wissensperspektiven erfaßt und allenfalls „auch noch" verstanden werden könnte, sondern nur was im Blick auf die jeweilige Beziehungserfahrung selbst als Fragehorizont aufscheint. Ich meine, daß durch diese Konzentration das, was in erlebter Resonanz anklingt und zur Frage drängt, von wesentlich anderer Qualität ist als alle allgemeinen, von vorgebahnten Wissensstrukturen bestimmten Fragen und Antworten. Das auf dem Weg über die Beziehung erfahrene Nicht-Allgemeine ist als spezifische Erkenntnis allem Allgemeinen vorausliegend; sie erlangt ihren Wert gerade wegen ihres begrenzt-konzentrierten Anspruchs.

Freilich kann nicht alles in der Medizin und auch nicht jede Situation in der Praxis ausschließlich im Blick eines interpersonalen Zuganges betrachtet werden, aber bei aller stürmischen Vermehrung unseres anonymen Wissen, bei allem wirklichen oder auch vermeintlichen Fortschritt des dazugehörigen Machens, wird doch zunehmend durchsichtig, daß die zwischenmenschlichen Antennen mit ihren praktischen Erfahrungsmöglichkeiten im ärztlichen Beruf gleichsam das „Bleibende im Wechsel" sind, und daß es sich mehr und mehr aufdrängt, vermutlich auch lohnt, ernsthaft auf dieses Bleibende hinzuschauen. Ob dieses Hinschauen seinerseits wieder in der gewohnten Optik allgemeinen Wissens und einer entsprechenden Methodik vor sich gehen soll, bleibt m.E. äußerst fragwürdig, auch wenn im heute herrschenden Fortbildungsbetrieb solches Fragen deplaziert erscheint.

Fallsupervision, Team- und Organisationsberatung aus systemischer Sicht

Jochen Schweitzer, Arist v. Schlippe

1. Einleitung

Wir wollen unserem Beitrag drei Cartoons voranstellen, um die Prämissen systemischer Supervision zu illustrieren.

Abb. 1: *Ein System beobachtet die Interaktionen zwischen sich und seiner Umwelt*

Es gibt keine Erkenntnis ohne Beobachter, der das beschreibt, was er erkennt. Systemische Supervision heißt, sich selbst sozusagen wie auf einem Fernsehbildschirm bei den eigenen Interaktionen mit anderen zuzusehen und auf diese Weise zu erkennen, wie man mit diesen Anderen kooperiert. Das fördert Überblick und Abstand, und man kann reflektieren, wie zufrieden man mit diesem Prozeß, seinen Ergebnissen und seinen „Nebenwirkungen" ist.

Abb. 2: *Systemische Diskurse: Verstehen, wo man sich nicht versteht*

Aus dieser Beobachterperspektive läßt sich leichter darüber nachdenken, wo man selbst Andere nicht versteht, und wo umgekehrt Andere einen nicht verstehen. Dies hilft zu trennen, wo schwierige Interaktionen auf handfesten Interessensgegensätzen, wo sie auf repetitiven unproduktiven Interaktionszyklen und wo sie schlicht auf Mißverständnissen beruhen.

Abb. 3: *Ein System wählt aus seinem „Pool möglicher Identitäten" eine passende aus*

Als Supervisand kann man dann gegen Ende des Supervisionsprozesses entscheiden, ob man die bisherige Haltung und Praxis beibehalten oder lieber eine andere wählen möchte. Postmodern formuliert: Man kann aus dem eigenen „Variety-Pool möglicher Identitäten" (Willke 1993) die für diesen Kontext am besten passende auswählen und erproben.

Ein zentrales Ziel systemischer Supervision besteht darin, eine Position anzubieten, aus der heraus es möglich ist, Muster von Problemkreisläufen zu erkennen, die eigenen Beiträge zu diesem Muster kritisch zu reflektieren und vor allem: Möglichkeiten des Ausstiegs aus diesem Muster zu erdenken, gedanklich durchzuspielen und in der Praxis zu erproben.

Unser Beitrag wird zunächst kurz drei Grundprinzipien systemischer Supervision erläutern, um dann die Praxis und mögliche Fallstricke der systemischen Fallsupervision einerseits, der systemischen Team- und Organisationsberatung andererseits zu verdeutlichen. Zu einer ausführlicheren Einführung in systemische Methodik verweisen wir auf unser Lehrbuch der systemischen Therapie und Beratung (Schlippe v. & Schweitzer 1996). Eine vertiefende Übersicht zu Fragen der systemischen Supervision und Organisationsberatung findet sich auch bei Brandau (1991) und Wagner (1995) sowie im Handbuch zum selbstorganisierten Lernen von Greif und Kurtz (1996), um nur einige Titel dieses expandierenden Feldes zu erwähnen. Unser Beitrag wird schließen mit Hinweisen auf innovative Nutzungsmöglichkeiten systemischer Supervision in der Medizin.

2. Grundannahmen Systemischer Supervision

Kundenorientierung: „Der Supervisand ist der Kunde, und der Kunde ist der König."

Die Supervision soll Antworten auf die Fragen erzeugen, die der Supervisand sich selbst stellt. Dieser Kundenwunsch ist Auswahlkriterium für das, was in der Supervision besprochen wird – nicht das, was die Supervisorin den SupervisandInnen immer schon mal gern sagen wollte. Es wird also nur selten versucht, zusätzliche Probleme aufzudecken, die die Teilnehmer vorher noch gar nicht gesehen haben. Das Supervisionsproblem wird dann als gelöst angesehen, wenn die SupervisandInnen selbst keines mehr sehen (ausführlicher zur Kundenorientierung: Hargens 1993, Schweitzer 1995, Shazer de 1989).

Konstruktivistische Erkenntnistheorie: „Ideen müssen nicht richtig, sondern nützlich sein."

Systemische Supervision geht davon aus, daß alles, was gesagt wird, wenn wir über zwischenmenschliche Beziehungen sprechen, nicht als Wahrheit oder Tatsache anzusehen ist. Vielmehr stellen sich diese Aussagen als Beschreibungen von Beobachtern dar, als mehr oder minder interessante Ideen, die allerdings Folgen haben, wenn man an sie glaubt – Folgen, die man wiederum mehr oder minder nützlich finden kann (ausführlicher zur konstruktivistischen Erkenntnistheorie: Fischer 1995, Glasersfeld v. 1981).

Betonung der Selbstorganisation: Neuigkeit statt Bestätigung; Autonomie statt Kontrolle; Anregen statt Durcharbeiten.

Systemische Supervision will vor allem neue Ideen erzeugen und anbieten; sie will nicht kontrollieren, was die Supervisanden damit anfangen. Sie geht davon aus, daß Supervisanden ohnehin Lebewesen sind, die sich aus der Supervision immer nur das herausholen, was zu ihnen paßt. Das führt im guten Fall oft dazu, daß systemische Supervision kurz ist, daß sie ständig auf der Suche nach Ressourcen und Lösungen ist, daß in ihr wenig Auseinandersetzungen über richtiges oder falsches Vorgehen geführt werden (ausführlicher zum Selbstorganisationsansatz: Luhmann 1984, Maturana & Varela 1987).

In Stil und Atmosphäre ist systemische Supervision einerseits eine relativ nüchterne Angelegenheit. Sie zielt nicht grundsätzlich auf die Aktivierung emotional intensiver Erlebnisse in der Supervisionssitzung, sondern auf die Erzeugung von Ideen zur möglichst einfachen Lösung komplizierter Probleme ab.

Gleichzeitig kann sie sich durch geringen Ernst auszeichnen. In systemischen Teamberatungen wird häufig gelacht, werden Geschichten oder gar Witze erzählt, werden ungewöhnliche Fragen gestellt und auch seltsame Ideen erstmal lange Zeit von der Zensur verschont. Was angestrebt wird, sind soziale Phantasien über eine bessere künftige Praxis, und solche gedeihen in tiefem Ernst nur selten.

Die Unterscheidung zwischen patientenbezogener Fallsupervision einerseits und der Beratung bei interprofessionellen Kooperationsproblemen in Teams und Organisationen andererseits ist wichtig. Für beide sind unterschiedliche Zeitperspektiven, Teilnehmerzusammensetzungen, Kontrakte und Auftragsklärungs-Strategien sinnvoll. Im folgenden sollen die verschiedenen Formen beschrieben werden.

Teil 1: Supervisionskonzepte 25

3. Systemische Fallsupervision

Fallsupervision ist die Reflexion über den Umgang mit den Patienten und den für sie wichtigen Bezugspersonen – im Gesundheitswesen häufig den Angehörigen und den anderen Behandlern. Die Patientin steht also im Mittelpunkt. Ziel ist hier immer, die Behandlung einzelner, insbesondere schwieriger Patienten, zu verbessern und gleichzeitig sich als Mitarbeiterin dabei weniger aufzureiben.

3.1. Wann sollte man einen systemischen Supervisor engagieren?

Zu Beginn sollten die Behandlungsphilosophien des Supervisors und der Supervisanden gegenseitig deutlich gemacht werden. Fallsupervision sollte man optimalerweise mit einem Supervisor machen, der mit dem Behandlungskonzept, nach dem das Team schon arbeitet oder künftig arbeiten will, vertraut und dafür qualifiziert ist oder wenigstens mit diesem sympathisiert. Wenn die Behandlungskonzepte innerhalb eines Teams oder zwischen Supervisor und Team voneinander abweichen, sollte zunächst besprochen werden, ob man überhaupt miteinander Supervision machen soll, und wie man mit diesen Unterschieden respektvoll umgehen will.

Das ist einfacher, wenn der Supervisor in seiner Laufbahn unterschiedliche Klinikstypen und Behandlungsansätze (also auch „nicht-systemische") kennengelernt hat. Hilfreich ist es aber auch, wenn man als Supervisor systemisches Denken weniger als „die einzige" Behandlungsmethode ansieht, sondern ihre Verwendung auch „nur" als Entscheidungshilfe zur Indikationsstellung, eventuell für ganz andere Behandlungsmethoden, für eine gute Idee hält.

Eine schon lange bestehende Erziehungsberatungsstelle hat in den letzten drei Jahren heftige Veränderungen durchgemacht. Der Träger verlangt mehr Öffnung nach außen, mehr gemeindepsychologische Arbeit und stellt eine neue Leiterin ein, die diese Orientierung durchsetzen soll und will. Sie sucht dafür u.a. systemisch orientierte Fallsupervision. Für die älteren, meist tiefenpsychologisch ausgebildeten, sehr erfahrenen Mitarbeiter stellt dies eine Entwertung und Infragestellung ihrer bisherigen Arbeitsweise dar. Die Supervision kommt schließlich mit der Vereinbarung zustande, darin einerseits systemisch-familientherapeutisches Handwerkszeug fallbezogen zu trainieren, andererseits aber bei allen Fällen jeweils zu prüfen, wo tiefenpsychologische Einzel- oder Gruppentherapie auch aus systemischer Sicht sinnvoll wäre, und welche der „alten" tiefenpsychologischen Qualifikationen für die „neue" Arbeit weiterhin nutzbar bleiben (z.B. die Arbeit mit Übertragung und Gegenübertragung, mit Träumen, Spieltherapie mit Kindern usw.).

3.2. Methoden und Settings systemischer Fallsupervision

Auffälliges äußeres Kennzeichen systemischer Fallsupervision ist im Gegensatz zu vielen anderen therapeutischen Richtungen die hohe Wertschätzung möglichst „direkter" Supervisionsformen. Idealerweise bringt man die Patienten in die Supervision mit und arbeitet dort mit ihnen oder läßt einen Kollegen oder die Supervisorin mit ihnen arbeiten. Die jeweils anderen Beteiligten schauen dabei zu, entweder hinter einem Einwegspiegel oder, wie heute vermehrt praktiziert, im selben Raum, und sie geben anschließend zumindest dem Supervisanden, oft auch noch dem Patienten und evtl. deren mitgebrachten Bezugspersonen eine (möglichst anregende) Rückmeldung.

Freilich ist dieses Setting nicht immer realisierbar. Daher gibt es eine große Vielfalt an Methoden und Settings, die von solchen sehr „direkten" bis zu relativ klassischen „indirekten" Formen reicht. Diese Palette sei im folgenden kurz beschrieben.

Live-Supervision

Die direkteste Form ist dabei die „Live-Supervision". Hier wird die Beratung oder Therapie vom Supervisor und der Supervisionsgruppe beobachtet. Diese sitzen mit im Raum oder hinter einer Einwegscheibe im Nachbarraum und greifen in den Prozeß mit ein – mit Beobachtungen, Reflexionen oder Vorschlägen für Schlußinterventionen.

Die Live-Supervision wird meist über folgende Bausteine gestaltet (s.a. Schlippe v. & Schweitzer 1996, S.225f):

- Vorgespräch: welche Fragen hat der Therapeut/die Therapeutin an die Gruppe, welche Wünsche über das Vorgehen und über bestimmte Arten der Unterstützung durch Supervisor und/oder Gruppe? Welche basale Information über die Familie muß die Gruppe haben? Oft sind dies ein Genogramm (im Sinne eines Familienstammbaums mit klinisch relevanten Familiendaten) sowie eine Übersicht der wichtigen Vor- und Mitbehandler und der bisherigen (erfolgreichen wie gescheiterten) Behandlungsversuche.

- Entscheidung für eines der folgenden Settings:
  a) Der Therapeut führt das Gespräch, der Supervisor sitzt hinter ihm/ihr. In zwei bis drei Unterbrechungen und im Gespräch vor der Familie holt sich der Therapeut unmittelbar Unterstützung und neue Ideen. Die Supervisionsgruppe ist meist mit im Raum und gibt der Familie am Schluß ein kurzes Feedback.
  b) Der Therapeut führt das Interview, der Supervisor ist zusammen mit zwei bis drei Gruppenmitgliedern Teil eines *Reflektierenden Teams* (siehe den weiter unten folgenden Kurzexkurs). In zwei bis drei Pausen wird vor der Familie und den Therapeuten über das Gespräch reflektiert.
  c) Der Therapeut führt das Gespräch, das durch die Gruppe im Nachbarraum per Einwegspiegel verfolgt wird. Die Beobachtergruppe berät mit dem Therapeuten in der Besprechungspause eine Schlußintervention/Empfehlung.
  d) Hilfreich kann die Einführung einer weiteren Reflexionsschleife sein, indem ein Teil der Supervisionsgruppe sich ausschließlich auf den Prozeß der Interaktion zwischen den Supervisoren und dem/den Therapeuten konzentriert und diesen Prozeß im Sinne eines Reflektierenden Teams kommentiert.
- Nachbesprechung: Feedback an den Therapeuten. Ideen und Anregungen für ein weiteres Vorgehen.

Live-Supervision mit einem reflektierenden Team

Die Grundstruktur der RT-Arbeit sieht so aus, daß eine Trennung hergestellt und aufrechterhalten wird zwischen einem *therapeutischen System*, das aus der Familie (Team, Paar o.ä.) mit der Beraterin besteht und einem *beobachtenden System*, in dem meist zwei bis vier Personen sitzen (Andersen 1990). Diese Struktur wird vorher mit der Familie besprochen und grundsätzlich nur durchgeführt, wenn alle Familienmitglieder einverstanden sind (kooperatives Setting); falls nicht, wird gemeinsam nach einem Weg gesucht, der von der Familie als hilfreicher erlebt wird.

Das Gespräch beginnt immer im therapeutischen System, in dem die Beraterin versucht, über „angemessen ungewöhnliche", meist zirkuläre Fragen Information zu generieren und jedem Familienmitglied die Möglichkeit zu Beschreibungen zu geben. Meist nach einer Zeit von etwa 20–25 Min. wird die Sitzung unterbrochen für eine Reflexionsphase, in der das Team im „Metalog" über die Sitzung reflektiert, die

Familie schaut dabei zu. Das ratsuchende System kann auf diese Weise die im Team entwickelten Ideen und Lösungsentwürfe ohne die Notwendigkeit anhören, sofort dazu Stellung beziehen zu müssen. Für das Team gelten dabei nur die folgenden Regeln:
- Alles, was gesagt wird, sollte aus einer wertschätzenden Perspektive heraus gesagt werden, Entwertungen passen nicht zum Denkmodell des RT.
- Es wird eher vorsichtig, suchend, „konjunktivisch" ("es könnte sein ...") gesprochen als festlegend und diagnostizierend. Es geht nicht darum, die eine „richtige" Erklärung zu finden, vielmehr ist es die aktiv aufrechterhaltene Vielfalt, die dem ratsuchenden System helfen kann, zu sehen, daß mehrere Perspektiven gültig sein und nebeneinander existieren können.
- Daraus folgt, daß abweichende Meinungen im RT nicht als Infragestellung der eigenen Position gesehen, sondern als Möglichkeiten und Anregungen begrüßt werden, weiter nachzudenken, um jeweils neue, integrierende Perspektiven zu finden.

Die Reflexion sollte nicht zu viel Zeit in Anspruch nehmen (ca. 5–10 Min.) und nicht durch zu viele Ideen verwirren. Anschließend sorgt der Berater dafür, daß jeder aus dem therapeutischen System etwas über die Reflexionen sagen kann. Insgesamt wird ein 60–90minütiges Gespräch etwa zwei bis dreimal für eine Reflexionsphase unterbrochen. Das „letzte Wort" sollte auf jeden Fall die Familie haben. Wenn diese basalen Regeln beachtet werden, kann das RT keinen Schaden anrichten und kann eine große Vielfalt von Möglichkeiten bereitstellen. In der beschriebenen Form bietet sich die RT-Arbeit geradezu als Live-Supervisionsmethode an, da sie von der Struktur her bereits ein Mehrpersonensetting darstellt. In manchen Einrichtungen wird zunehmend auch teamintern mit dieser Arbeitsform experimentiert (etwa über einen monatlichen „RT-Tag").

Das Arbeiten mit Live-Supervision in einer Einrichtung verändert deren Stil. Es entsteht viel Transparenz – jeder weiß oder kann sich leicht informieren, was der andere macht. Die Folge ist meist: weniger Phantasien übereinander, aber mehr handfeste Kritik aneinander und Auseinandersetzung miteinander.

Live-Konsultation

Mit der Live-Supervision verwandt ist die *Live-Konsultation*. Hier führt ein Supervisor mit dem Klientensystem und dem Therapeuten ein gemeinsames

Interview, in dem er mit allen Beteiligten über die bisherige Therapie spricht, hilfreiche und weniger hilfreiche Aspekte aus den unterschiedlichen Blickrichtungen der Beteiligten reflektiert und sinnvolle künftige Arbeitsschritte diskutiert. Ähnlich wie in der Familientherapie kann ein solches Interview dazu beitragen, unausgesprochene „Erwartungs-Erwartungen" zu thematisieren und zu klären (vgl. Schlippe v. & Kriz 1993). Auch hier kann ein Reflektierendes Team aus Mitgliedern der Supervisionsgruppe helfen, die Transparenz der Prozesse zu steigern.

Video- und Excerptsupervision

Bei der Video-Supervision wird eine Therapiesitzung auf Video aufgezeichnet und in einer Supervisionsgruppe analysiert. Diese Form erlaubt Mikro-Analysen einzelner Interaktionen. Ähnliches gilt für Excerpt-Supervisionen, wo anhand eines schriftlich fixierten Auszuges von ca. fünf Minuten aus einem Video- oder Tonband Hypothesen über die Interaktionsdynamik der Familie bzw. der therapeutischen Systems angestellt werden.

Rollenspiel

Indirekter ist die Supervision durch Fallrekonstruktion im Rollenspiel: Die Gruppenmitglieder spielen anhand einiger Vorgaben das reale Klientensystem nach. Die dabei beobachtbaren Muster werden analysiert, alternative Vorgehensweisen im Brainstorming erdacht und im Rollenspiel gleich erprobt.

Skulpturarbeit

Ein sehr erlebnisorientierter Weg, wenn auch vom konkreten Beratungsprozeß entfernter, ist die Supervision mit Hilfe von *Skulpturen*. Die Arbeit mit Skulpturen gehört zum interessantesten methodischen Inventar systemischer Therapie (Schweitzer & Weber 1982, Schlippe v. & Kriz 1993): Durch die Aufforderung an ein Systemmitglied, in der Supervision meist an den Therapeuten, das Beziehungssystem als Skulptur darzustellen (in der indirekten Supervision unter Nutzung von Rollenspielen) gelingt es oft eindrücklich und schnell, einen Zugang zu der Komplexität und Gleichzeitigkeit des systemischen Geschehens herzustellen. Da der Therapeut mit in das Bild aufgenommen werden kann, eignet sich die Methode auch, seine Position im Klientensystem zu verdeutlichen.

Ein Therapeut einer Suchtklinik stellt einen jungen alkoholabhängigen Patienten vor, etwa 25 Jahre alt. Dieser fahre an den freien Wochenenden immer wieder zu seinen Eltern nach Hause, obwohl er da nur „herumhänge" und nichts „für sich tue". In der Skulptur steht dieser Patient zwischen seinen Eltern, die Mutter schaut auf ihn, der Vater ist abgewandt. Der Therapeut, aufgefordert, seine Intention darzustellen, beginnt, den Klienten aus dieser Konstellation herauszuzerren. Daraufhin reagieren alle damit, sich heftig aneinander zu klammern, der Patient beginnt zu schwanken(!), alle verbrauchen viel Kraft, ohne daß sich „auch nur ein Millimeter" bewegt. Diese Erfahrung ermöglicht es dem Therapeuten, sich für alternative Überlegungen zu öffnen, etwa mit dem Klienten gemeinsam zu überlegen, wie lange seine Eltern ihn wohl „noch brauchen" würden, und ob er ggf. auch bereit wäre, „für immer" für sie zur Verfügung zu stehen usw.

In ähnlicher Weise kann die Aufforderung an alle, symbolisch einmal das zu tun, wonach ihnen am meisten zumute ist, helfen, Zugang zu verschiedenen möglichen Klientenwünschen zu bekommen; ähnliches gilt für die Möglichkeit der Befragung der Rollenspieler. Dadurch, daß z.B. das Symptom/das Problem ebenfalls in der Skulptur dargestellt werden kann, ist es möglich, die Supervision zu nutzen, um über die Bedeutung des Symptoms zu hypothetisieren: Wem steht das Symptom näher? Wohin möchte der Therapeut es stellen? Wie reagiert die Familie darauf?

Supervisionsgespräche

Am indirektesten schließlich ist die in anderen Ansätzen vielfach geläufigste Supervisionsform: Der Behandler erzählt, die Supervisionsgruppe hört zu und meldet eigene Resonanzen und Ideen zurück. Diese Form der Supervision kann zum einen – ähnlich wie in Supervisionssitzungen anderer therapeutischer Schulen – dazu genutzt werden, an den Punkten, wo er oder sie „nicht weiterkommt", lebensgeschichtliche Bezüge zu der Herkunftsfamilie des Supervisanden herauszuarbeiten und so die persönliche Handlungsflexibilität wieder herzustellen.

Ein wichtiger Bereich der Gespräche dreht sich jedoch um die Klärung der jeweiligen Kontraktsituation, die Analyse des jeweiligen „Problemsystems" und um die verschiedenen Perspektiven, die die einzelnen Systemmitglieder auf das Problem haben:

- Wer ist als wichtiger Zuweiser erkennbar? Was würden Erfolg/Mißerfolg der Beratung für diesen bedeuten? Wie ist er oder sie in den Therapieprozeß mit einbezogen?
- Welche größeren Systeme haben/hatten mit dem Klientensystem zu tun? Wie haben sie das Problem beschrieben, haben die Beschreibungen das Problem eher noch verfestigt?
- Wessen Problem ist es eigentlich?
- Wie definiert die Beraterin das Problem, und wie sehen die Mitglieder des Klientensystems die Situation?
- Gibt es Übereinstimmung oder Unterschiede der Perspektiven? Was bedeuten vor allem wiedersprüchliche Aufforderungen für das Gesamtsystem? Läßt sich auffälliges Verhalten evtl. auch daraus erklären?
- Was sind die Einladungen des Systems, welche „Stellenanzeige" gibt es auf, und wie sehr ist der Berater auf diese eingegangen und evtl. „Teil des Systems" geworden?
- Welche Perspektive ist am ehesten geeignet, die beschriebenen Probleme als „sinnvolle Lösungen" für das System zu beschreiben im Sinne einer „wertschätzenden Konnotation" bzw. eines „Reframings"? Aus welcher Perspektive ließe sich konsequenterweise am ehesten „vor Änderung warnen"?
- Lassen sich Muster symmetrischer oder komplementärer Eskalation beschreiben? Lassen sich Entsprechungen finden in den Mustern zwischen dem ratsuchenden System und dem Berater?
- Was müßte geschehen, um das Muster im System (bzw. zwischen System und Beraterin) zu unterbrechen, um Raum für neue Möglichkeiten zu schaffen? Was müßte geschehen, um von einer Problemorientierung in ein Muster der Lösungsorientierung einzutreten?

4. Systemische Team- und Organisationsberatung

Team- und Organisationsberatung dienen der Lösung von Problemen, die sich in einer Einrichtung permanent und nicht nur bei einzelnen Patienten stellen. Probleme mit Patienten sind hier sozusagen nur der Anlaß, der auf einen Weiterentwicklungsbedarf in Organisationen wie Krankenhäusern, Verwaltungen, Verbänden oder häufig in kleineren Einheiten wie Fachdiensten, Stationen, Abteilungen hinweist.

Ein Beispiel: Teamberatung einer Klinikabteilung

Eine Klinikabteilung mit hohem Krankenstand und hoher Kündigungsrate sucht Teamberatung. Bevor eine solche mit Ärzten und Pflegepersonal zustande kommt, wird der Berater zunächst klären, wessen Idee die Beratung war, und ob überhaupt ein Konsens über ihr Ob und ihr Wozu besteht. Wenn ja, werden die Probleme als organisatorische oder zwischenmenschliche und nicht als individuelles Versagen Einzelner zu klären versucht: Was stört wen an wem? „Klemmt" es intern oder mit anderen Abteilungen oder mit den Patienten? Seit wann läuft es schlechter? Welche Interaktionen halten das Problem derzeit am Leben?
Schon bald wird nach Eigenressourcen gesucht: Gibt es auch gute Arbeitstage? War es früher besser? Was wurde da anders gemacht? Das richtet den Blick auf Kompetenzen, die evtl. wieder genutzt werden können.
Liebgewordene Traditionen kommen auf den Prüfstand: Warum werden auf dieser schwierigen Station immer die jüngsten Mitarbeiter eingesetzt? Was würde passieren, wenn die Krankenschwestern ihre Beschwerden bei der Übergabe präsentierten statt ihrem Hausarzt bei der Krankschreibung? Lösungsideen werden aufgeworfen und durchgespielt: wie würde ein anderer Schichtdienstplan, eine verstärkte Präsenz des Oberarztes oder mehr Autonomie der Krankenschwestern den Krankenstand beeinflussen? Daraus entstehen Handlungsideen, die erprobt und deren Nützlichkeit bei der nächsten Beratung bewertet werden.

Interne vs. Externe Teamberatung

Damit Supervision einen Freiraum zur Erzeugung neuer Ideen bereitstellen kann, sollte das Äußern von Ideen keine negativen Folgen haben. Das wird erleichtert, wenn Supervisanden und Supervisor voneinander möglichst unabhängig, also wirtschaftlich, hierarchisch und emotional möglichst wenig aufeinander angewiesen sind. Das verweist auf die Grenzen „interner", also von Mitarbeitern derselben Institution angebotener Supervision. Andererseits kann Supervision durch solche „internen Dienstleister" auch Vorteile haben: Man kann sie im Bedarfsfalle meist schneller und unkomplizierter herbeibekommen und sie brauchen weniger Zeit, um sich über die Institution kundig zu machen. Möglicherweise hat interne Supervision bei niedrigem Konfliktniveau, geringer „Verwicklung" zwischen Supervisor und Supervisanden sowie bei kurzzeitigen Krisen ihre Vorteile, während externe Supervision vor allem bei hohem Konfliktniveau und chronifizierten Kooperationsproblemen angezeigt ist.

"Top-Down"-Vernetzung der Supervisionsergebnisse in der Hierarchie

In hierarchisch organisierten Institutionen sollten Teamberaterinnen nicht nur mit dem Team, mit dem sie arbeiten, sondern auch mit der Leitung über die Ziele der Beratung sprechen. Es wird also vor der Teamberatung geklärt, ob und wie die Verantwortlichen auch Verantwortung übernehmen für die Umsetzung eventueller Supervisionsergebnisse in der Institution. Bestehen über diese Ziele zwischen Leitung und Team verschiedene Meinungen, beschäftigt sich die frühe Supervisionsphase mit nichts anderem als diesen Unterschieden; die Teamsupervisorin geht solange keinen expliziten Kontrakt ein, wie sich Leitung und Team noch nicht geeinigt haben, worüber und wozu sich das Team mit dem von der Leitung verwalteten Geld mit der Teamsupervisorin unterhalten soll. Dabei kann deutlich werden, daß diese Meinungsverschiedenheiten für unauflösbar gehalten und als nicht durch Supervision änderbar angesehen werden. Dann wird diese Teamsupervision nicht stattfinden, und alle haben es sich erspart, sinnlos Zeit zu vertun.

Eine Möglichkeit, das potentiell spannungsgeladene Dreieck zwischen Supervisand, Auftraggeber/Vorgesetztem und Supervisor zu lösen und Rollenklarheit zu wahren, besteht in sog. „Dreieckskontrakten". Hier werden schriftlich von allen drei Parteien zumindest die Rahmenbedingungen der Supervision vereinbart:
- Absprachen über den zeitlichen Rahmen, über Beendigung, Kündigung und ggf. Verlängerung
- Finanzielle Regelung, Regelung ausfallender Sitzungen
- Teilnehmerkreis

Die inhaltliche Zielsetzung der Supervision ist ständig im Wandel (der Begriff „Contracting" unterstreicht den Prozeßcharakter), so daß es sich nicht empfiehlt, mehr als nur eine grundsätzliche Zielsetzung schriftlich zu fixieren. Darüber hinaus gelten folgende Fragen als Bestandteil des Kontraktes, d.h. eines Aushandlungsprozesses aller drei Parteien, auch wenn sie nicht zwangsläufig schriftlich niedergelegt sind:
- ggf. Unterstützung von vereinbarten Maßnahmen durch die Leitung
- Handhabung von Vertraulichkeit
- Regelung, wie die Institutionsleitung über den Prozeßverlauf unter Wahrung der Vertraulichkeit und Unabhängigkeit der Supervisorin („über Inhalte wird nicht gesprochen") informiert wird.

Dieses Vorgehen kann vermehrt in Leitungssupervision, Coaching oder Organisationsentwicklung münden und ggf. weniger bei der bisherigen dezentralen Teamsupervision. Ein Extremvertreter dieser Auffassung ist Fürstenau (1990), der meint, Supervisionsanfragen deuteten auf ein Leitungsdefizit hin, folglich solle der Supervisor mit dem Leiter daran arbeiten, dieses wieder selbst zu beheben und nicht durch einen „Gastarbeiter".

Ziel- statt Problemorientierung

Diese Orientierung an den meist widersprüchlichen Kundenwünschen wird auch in weiteren Sitzungen durchgehalten. Zentral ist die Formulierung konkreter, realistischer und überprüfbarer Zielvisionen. Diese lassen sich beispielsweise in einer der ersten Sitzungen auf einem großen Wandpapier aufschreiben – mit der Empfehlung, es in der Einrichtung an einen Ort zu legen, wo es angeschaut oder wieder hervorgeholt werden kann. Dieses deponierte Dokument eröffnet viele Spielmöglichkeiten: Es kann je nach Lage im Giftschrank sicher eingeschlossen werden, als „süße Verlockung" im Personalraum hängen oder als „Damoklesschwert" über dem Stationszimmertisch schweben.

Von Treffen zu Treffen kann dann die Bedeutsamkeit dessen, was an Veränderungen geschehen ist, immer wieder an diesen anfänglichen Zielen gemessen werden. Das erlaubt Fragen danach, ob der Prozeß aus der Sicht der Beteiligten eher lösungsorientiert verläuft oder eher das Problem aufrechterhält bzw. vertieft: Ist das Ziel evtl. schon erreicht? Hat man es aufgegeben? Welche Prioritäten hat man? Hat man neue Ziele entwickelt, für die man keine Supervision mehr braucht? Es empfiehlt sich, auch bei solchen Zwischenbilanzen gegenüber einer Weiterführung der Supervision neutral zu sein – vielleicht ist es, trotz der im Kontrakt vereinbarten Sitzungszahl (s.u.), eher angebracht, sich schon jetzt zu verabschieden? Die Teamberatung steht damit theoretisch dauernd vor ihrem möglichen Ende, ihre Aufrechterhaltung erfordert das Engagement des Teams, und schließlich kann so problematischen Überzeugungen vorgebeugt werden, etwa, daß man ohne Supervision einfach nicht auskäme, arbeitsunfähig wäre usw.

Flexible und endliche Zeitgestaltung

Systemische Team- oder Organisationsberatung arbeitet sinnvollerweise mit einer flexiblen Zeitgestaltung. Sie vereinbart vor allem bei Kooperationsproblemen zwischen Profis keine feste Zahl von Gesprächen und keine Mindestzahl, sondern eine Maximalzahl von Sitzungen, die man nutzen kann, aber nicht nutzen muß. Häufig liegen die Kontrakte zwischen 5 und 15 Sitzungen. Diese Verabredung impliziert die Erwartung, daß Änderungen innerhalb überschaubarer Zeit möglich sind, es sei denn, man will sie nicht mehr.

Diese Maximalzahl von Sitzungen kann dann möglicherweise in einem potentiell unendlichen Zeitraum abgerufen werden, erfahrungsgemäß in einer Zeitspanne von ein- bis zweieinhalb Jahren. Man kann manchmal scherzhaft mit Teams verabreden, daß die übrigbleibenden zwei oder drei der insgesamt von der Verwaltung bewilligten Sitzungen noch „bis zur Pensionierung des Supervisors" abgerufen werden können. Dies impliziert eine Neutralität gegenüber Änderung: Änderung muß nicht schnell geschehen, ja vielleicht auch gar nicht und das Team hat jederzeit die Wahlfreiheit, bestimmte Veränderungen anzugehen oder es bleiben zu lassen.

Die Abstände zwischen den Sitzungen werden danach gewählt, wie lange das Team braucht, um mit den Ideen aus der Sitzung soweit experimentiert zu haben, daß man deren Brauchbarkeit beurteilen kann. Faustregel: Je weniger passiert, desto größer die Abstände.

Zwei Fallvignetten

Zu diesen technischen Prinzipien der Team- und Organisationsberatung seien zwei kurze Beispiele geschildert:
1. Die Mitarbeiter der Filiale einer Verbundeinrichtung beabsichtigen schon seit Jahren, eine Reihe von Veränderungen vorzunehmen. Ich frage, wie lange es mindestens dauern würde, um die einfachste von diesen zu verwirklichen? Lange Gesichter, es wird vorausgerechnet: 5 Monate. Darauf biete ich einen nächsten Teamsupervisionstermin in 6 Monaten an. Es bricht ein Sturm der Entrüstung aus. Einige Kollegen erinnern mich daran, daß sie schon immer lieber Fallsupervision machen wollten. Ich bleibe dabei. Nach 6 Monaten hat man zwar nicht diese einfachste, aber dafür die drei nächsten auf dem Zettel stehenden, sehr einschneidenden Änderungen realisiert.
2. Ein Fachdienst innerhalb einer Großorganisation soll sich selbst auflösen, die Mitarbeiter sich auf dezentrale Projektteams verteilen. Das trifft auf heftigen Widerstand dieser Berufsgruppe. Der Auftrag an mich ist widersprüchlich: Von der Leitung her soll ich diesen Auflösungsprozeß so begleiten, daß er konstruktiv läuft (im Klartext: daß die Fachdienst-

mitarbeiter dabei mitziehen). *Die Mitarbeiter wollen ihrer Berufsgruppe in der Gesamteinrichtung mehr Geltung verschaffen, wobei einige Mitarbeiter die Auflösung des Fachdienstes gerne verhindern würden, andere aber keine Alternative mehr sehen. In der zweiten und dritten Sitzung schneide ich die Möglichkeit an, daß die Mitarbeiter ja zwei Alternativen zur aktiven Selbst-Dezentralisierung haben: Die eine ist Sabotage, die andere ist ein lang gezogener Trauerprozeß. Beide könnten in einem niedrigen Aktivitätsniveau, hohem Krankenstand, vermehrten Erziehungsurlauben, Dienst nach Vorschrift etc. überzeugend verkörpert werden. Man müsse also nicht vom alten Fachdienst Abschied nehmen. Wenn man es aber tue, schiene mir eine Beerdigungsfeier angebracht: Eine, wo man sich in Schwarz trifft, Reden auf den verstorbenen Fachdienst und die zu Ende gehende gute Zeit hält, vielleicht ein Glas darauf trinkt. Ich erfahre beim nächsten Mal, daß im Zentralbüro des alten Fachdienstes eine Kollegin weiße Bettücher über die Schreibtische gelegt habe. Das sei der „Knackpunkt" gewesen: Da habe es nicht mehr lebendig dort ausgesehen, da sei auch den letzten Kollegen klar geworden, daß sie nun schleunigst ihre Umzugskoffer packen müßten. Dies hatten von den Sechsen, für die es anstand, inzwischen auch vier getan, und die Anderen erwarteten inzwischen sehnlichst den Umzugstermin.*

Wie kann man Team- und Organisationsberatung scheitern lassen?

In systemischen Supervisionen wird neben der Frage, was in der Sitzung geschehen solle, damit es ein erfolgreiches Treffen wird, oft auch danach gefragt, was man denn tun müsse, um absichtlich zu scheitern: „Was müßte ich tun, um die Supervision fehlschlagen zu lassen, vielleicht sogar rausgeworfen zu werden?" Wie Team und Organisationsberater scheitern können – dafür haben wir einige bewährte „Tips", die wir aus den bisherigen Überlegungen heraus zusammenfassen können:
- Man verabrede sich mit denen, die gerade da sind und etwas wollen. Vor allem mit denen, die in der Institution wenig Einfluß haben.
- Man verbünde sich mit diesen, erzeuge Intimität in der warmen Supervisionsstube, höre sich das Schimpfen über die Institution emphatisch oder auch zustimmend an.
- Man fördere mit Kaffee, Kuchen, Kerzen eine besonders gemütliche Atmosphäre.
- Als häufigste Frage erkundige man sich: „Wie fühlen Sie sich denn dabei?"

- Man definiere einen regelmäßigen, möglichst 14tägigen oder idealerweise wöchentlichen Sitzungsabstand.
- Man verzichte darauf, zu erfragen, was zwischen den Sitzungen gelaufen ist. Man vergesse die anfänglich geäußerten Zielsetzungen und erfinde statt dessen immer neue.

Eine Warnung sei abschließend formuliert: Supervision behebt noch nicht per se organisatorische Probleme etwa der Schichtdiensteinteilung, der Krankenhausarchitektur, der leistungsgerechten Besoldung, der Leitungsstruktur. Sie kann diese deutlich machen und Lösungsideen entwickeln. Eine gute Supervision erleichtert Organisationsentwicklung, ersetzt diese aber nicht. Und Organisationsentwicklung benötigt auch die Mitwirkung der leitenden Mitarbeiter. Halten sich diese aus dem Prozeß heraus und „gewähren" sie lediglich den unteren Chargen Supervision, so kann Supervision den Charakter eines Beruhigungsmittels für unzufriedene Mitarbeiter erhalten, atmosphärisch irgendwo zwischen „Panem et Circenses" und „Opium für das Volk" angesiedelt (Schweitzer 1996).

5. Künftige Entwicklungslinien systemischer Supervision in der Medizin

Familienmedizin

Das familiendynamische Know-how systemischer Supervisorinnen kann u.E. vor allem da genutzt werden, wo Angehörige für den Behandlungserfolg besonders wichtig sind.

Das wird vor allem bei chronischen Krankheiten und langwierigen Behandlungen der Fall sein, wo Angehörige als Pflegende gebraucht werden. Vor allem bei chronisch kranken Kindern und geriatrischen Patienten haben wir erlebt, wie oft vor allem Pflegepersonal und Angehörige zwangsläufig in Konflikte geraten und einander mehr als Gegner denn als Stütze erleben. Hier werden derzeit direkte Supervisionsformen unter Einschluß von Patienten, Angehörigen, Pflegepersonal und Ärzten entwickelt, die solcherlei „Pflege-Kooperation" erleichtern.

Compliance

Ein Anwendungsbereich systemischer Fallsupervision läßt sich mit dem Begriff der Compliance verbinden. Bekanntermaßen tun die Patienten sehr häufig das nicht, was die Ärzte ihnen verordnen – sie treiben keinen Sport, sie rauchen weiter, sie essen trotz Diabetes Süßigkeiten, sie nehmen ihre Medikamente nicht oder zuviel davon oder die Falschen. Vielfach wird in solchen Situationen Compliance gefordert, wird von psychosozialer Arbeit im medizinischen Kontext verlangt, das vordergründige Ziel zu erreichen, diese wiederherzustellen. Eine systemisch ausgerichtete Supervision sollte sich nicht auf einen solchen Auftrag einer „sozialtechnologischen Rationalisierung der Arzt-Patient-Beziehung" (Lachmund 1987) einlassen, sondern Compliance als Beziehungsbegriff definieren: Neben Leidensdruck und sprachlicher Einfachheit der Verordnung sind es vor allem Systemprozesse, die hier relevant sind. Wenn es dem Arzt gelingt, das subjektive Krankheitsverständnis und die Bedeutung der Krankheit und des Krankheitsmanagements in der Lebenswelt des Patienten im Gespräch zu thematisieren, zu verstehen und zu klären, dann können auf dieses Verständnis zugeschnittene Verordnungen helfen, „therapeuteninduzierte Non-Compliance" (Wolff 1987) zu vermeiden. Denn „niemand ist ganz allein krank", eine jede Behandlung stellt einen Eingriff in ein komplexes System dar, verändert ein Familienklima mit Konflikten, Streit über unterschiedliche Krankheitskonzepte und Schweregradeinschätzungen usw. Wenn Compliance so neu als systemisches Konzept verstanden wird, dann kann Supervision helfen, das kritische Dreieck zwischen Arzt, Patient und Angehörigen wahrzunehmen und sich darin effektiver zu bewegen.

Kooperation zwischen Kliniken

Systemische Fallsupervision lohnt schließlich da, wo viele Behandler für denselben Patienten zuständig sind, zwangsläufig verschiedene Meinungen über das richtige Vorgehen entwickeln und diese Unterschiede nicht einfach durch hierarchische Anordnung weggeschafft werden können. Für Teams der stationären Psychiatrie und Psychosomatik ist dies der Alltag, wohl nicht zuletzt deswegen ist Supervision in diesen Einrichtungen auch bereits vielerorts gut verankert.

Wir möchten hier auf ein anderes, bislang noch ungewöhnliches Kooperationsfeld hinweisen: die Kooperation *zwischen* Kliniken.

Als ich (J.S.) vor einigen Jahren in einer Psychosomatischen Ambulanz tätig war, wurden viele Neurologie- oder Orthopädie-Patienten am 14. Tag ihres stationären Aufenthaltes dort vorgestellt. Alle Diagnostik hatte keinen Grund ihrer Schmerzen gefunden; nun überwies ein Arzt sie kurz vor der Entlassung noch in die Psychosomatik, um „nichts zu übersehen".

Entsprechend „gutgelaunt und hochmotiviert" kamen diese Patienten in die Abteilung; das psychosomatische Gespräch war von vornherein zum Scheitern verurteilt.

U.E. wäre es reizvoll, einmal zwischen den Oberärzten verschiedener Kliniken bzw. Abteilungen, zwischen denen eine solche Überweisungspraxis besteht, einige Fallsupervisionen zu vereinbaren, die die indirekte Kooperation zwischen den Kliniken mittels ihrer Überweisungspraktiken deutlich machen und vielleicht Ideen für etwas andere Formen erzeugen könnte.

Pflegenotstand

Im Bereich der Teamsupervision von Kliniksstationen und der Einzelsupervision von Pflegedienstleiterinnen scheint uns eine offene Frage, wieviel diese zur Lösung des „Pflegenotstands" beitragen können. Wir sehen die Gefahr, daß mancherorts Supervision als die preisgünstigere Lösung gegenüber strukturellen Veränderungen (tarifliche Einstufung, Schichtdienstmodelle, inhaltliche Autonomie gegenüber Ärzten, Entlastung von Schreib- und Putzaufgaben) bevorzugt werden könnte – ein Lösungsversuch, der mittelfristig ungeeignet sein dürfte. Team- und Führungskräftesupervision innerhalb problemerzeugender Organisationsstrukturen kann allerdings, wenn sie gut gemacht ist (d.h. hier: mit Blick auch auf die Organisationsstruktur), den Supervisanden dabei helfen, sich nicht selbst oder einander gegenseitig für diese Probleme in selbstbeschuldigender Weise verantwortlich zu machen, sich vor Selbstausbeutung zu hüten und sich ggf. im Klinikalltag besser Unterstützung zu suchen und offensiver für Strukturveränderungen einzutreten.

6. Schluß

Die Entwicklung der systemischen Supervision ist gekennzeichnet durch zunehmend direkten Einbezug derjenigen Gruppen in den Supervisionsprozeß, über die zuvor meist nur in Abwesenheit gesprochen wurde: der Patienten und Angehörigen in der Fallsupervision; der Chefs, Nachbarabteilungen und manchmal ebenfalls der Patienten und Angehörigen in der Team- und Organisationsberatung. Für die therapeutische Praxis könnte man dies mit dem Slogan „Vom Behandeln zum Verhandeln" charakterisieren, für die Supervisionspraxis mit dem Slogan „Vom Über-sie-reden zum

Mit-ihnen-reden" – allerdings nicht als gruppendynamisches Großhappening, sondern als einen Prozeß der Einführung von Distanz und Selbstreflektion in das hitzige Getümmel des klinischen Alltags.

7. Literatur:

Andersen, T. (1990). *Das Reflektierende Team.* Dortmund: Modernes Lernen.

Brandau, H. (Hrsg.)(1991). *Supervision aus systemischer Sicht.* Salzburg: Otto Müller.

Fischer, H.R.(1995). *Die Wirklichkeit des Konstruktivismus.* Heidelberg: Carl Auer.

Fürstenau, P. (1990). Interview über Supervision. *Sozialpsychiatrische Informationen* 2, 2-6.

Glasersfeld v., (1981). Einführung in den radikalen Konstruktivismus. In P. Watzlawick (Hrsg.), *Die erfundene Wirklichkeit.* München: Pieper.

Greif, S. & Kurtz, H.J. (Hrsg.) (1996). *Handbuch selbstorganisiertes Lernen.* Göttingen: Verlag für Angewandte Psychologie.

Hargens, J. (1993). KundIn, KundigE, KundschafterIn. Gedanken zur Grundlegung eines helfenden Zugangs. *Zeitschrift für Systemische Therapie,* 11 (1), 14.-20.

Lachmund, J. (1987). Die Profession, der Patient und das medizinische Wissen. *Zeitschrift für Soziologie,* 16, 353-366.

Luhmann, N. (1984). *Soziale Systeme.* Frankfurt/M.: Suhrkamp.

Maturana, H. & Varela, F. (1987). *Der Baum der Erkenntnis.* München: Scherz.

Schlippe v., A. & Kriz, J. (1993). Skulpturarbeit und zirkuläres Fragen. *Integrative Therapie,* 19 (3), 222-241.

Schlippe v., A. & Schweitzer, J. (1996). *Lehrbuch der Systemischen Therapie und Beratung.* Göttingen: Vandenhoek und Ruprecht.

Schlippe v., A. & Schweitzer, J. (i.Dr.). Die Bedeutung einer systemischen Perspektive in der Supervision von Psychotherapeuten. Erscheint in: *Organisationsentwicklung, Supervision und Clinical Management* 1997.

Schweitzer, J. (1995). Kundenorientierung als systemische Dienstleistungsphilosophie. *Familiendynamik,* 20 (3), 203-221.

Schweitzer, J. (1996). Teamsupervision – Opium für das Volk? In A. Bentner & S.J. Petersen (Hrsg.), *Neue Lernkultur in Organisationen – Personalentwicklung und Organisationsberatung für Frauen*. Frankfurt/M.: Campus.

Schweitzer, J. & Weber, G. (1982). Beziehung als Metapher: Die Familienskulptur als diagnostische therapeutische und Ausbildungstechnik. *Familiendynamik, 7,* 113-128.

Shazer de, S. (1989). *Der Dreh. Überraschende Wendungen in der Kurzzeittherapie.* Heidelberg: Carl Auer.

Wagner, R. (Hrsg.) (1995). *Praxis der Veränderung in Organisationen.* Göttingen: Verlag für Angewandte Psychologie.

Willke, H. (1993). *Systemtheorie* (4. Aufl.). Stuttgart: Fischer.

Wolff, G. (1987). Die Beziehung zwischen chronisch kranken Kindern, ihren Eltern und ihren Behandlern. Ein psychobiographisches Interaktionsmodell. *Zeitschrift für personenzentrierte Psychologie, 6* (3), 293-307.

Supervision aus gruppendynamischer Sicht

Jörg Fengler

Zusammenfassung

In diesem Artikel wird zunächst das Verhältnis von Gruppendynamik und Supervision beleuchtet. Es wird auf die Stellung der Supervision in der gruppendynamischen Ausbildung eingegangen, die Zwangsläufigkeit der Gruppenperspektive in allen Supervisionsprozessen dargelegt, und das zentrale gruppendynamische Instrument Feedback erläutert. In einem weiteren Abschnitt werden drei gruppendynamische Konzepte dargestellt, die in der Supervision eine besondere Rolle spielen: Die Cost-Reward-Hypothese, das Rollenkonzept sowie Kriterien der Leistungsfähigkeit von Gruppe und Team. In einem weiteren Abschnitt werden Anschlußfähigkeit und Vereinbarkeit gruppendynamischer Konzepte mit solchen aus anderen Paradigmata erörtert. Hier wird das Konzept Unbewußtes, die Institutionsperspektive und der Gedanke der Ressourcenorientierung herangezogen. Den Abschluß der Arbeit bildet eine Fallvignette, die diese erwähnten Gesichtspunkte synoptisch vereint.

I. Zum Verhältnis von Gruppendynamik und Supervision

Ich beginne mit drei Thesen über das Verhältnis von Supervision und gruppendynamischer Ausbildung.

1. Supervision ist seit den ersten Anfängen ein genuiner Bestandteil der gruppendynamischen Arbeit.

Als 1946 die ersten experimentellen Konferenzen der Arbeitsgruppe um Kurt Lewin stattfanden, wurde in der Staffsitzung allabendlich der Gruppenprozeß des Tages noch einmal rekonstruiert mit den wichtigen Schlüsselmomenten, Abschnitten und Verläufen. Dabei kam auch das Verhalten der Forschergruppe selbst zur Sprache, das dem Paradigma „Aktionsforschung" folgend ebenso Gegenstand der Reflexion war wie das der Teilnehmer. Diese Tradition hat sich bis in die Gegenwart hinein erhalten und noch erweitert. Wenn Gruppendynamikerinnen und Gruppendynamiker zusammen arbeiten, so ist an jedem Abend die Zeit nach der letzten Gruppensitzung der wechselseitigen Supervision vorbehalten. Das ist so selbstverständlich, so sehr Teil des Instruments Gruppendynamik geworden, daß ein Kollege, der diesem Abendgespräch fernbleiben würde, bei den Mitstreitern auf großes Befremden stoßen würde. Er würde auch gewiß kein zweites Mal mehr zur Zusammenarbeit eingeladen werden.

In der Ausbildung des gruppendynamischen Nachwuchses ist der Supervisionsgedanke ebenfalls fest verankert. Die Ausbildung gliedert sich in drei Abschnitte:
1. Rekrutierung
2. Mitarbeit in der Co-Trainerrolle
3. Mitarbeit unter Supervision.

Zunächst soll der Interessierte also als Teilnehmer an gruppendynamischen Laboratorien die Methodik kennen- und schätzenlernen und sich der Beurteilung durch die Trainer aussetzen, vergleichbar den Probe-Interviews, die vor Beginn der psychoanalytischen Ausbildung bei erfahrenen Lehranalytikern zu absolvieren sind. Kandidaten empfinden dies manchmal als schwer lösbare Aufgabe, sich einerseits spontan in den Gruppenprozeß hineinzubegeben und dabei viel von sich sichtbar werden zu lassen, auch problematische und triebhafte Anteile, und andererseits einen guten Eindruck hinterlassen zu wollen, „gut" i.S. der Eignung für die gruppendynamische Ausbildung, ohne daß sie die Kriterien der Eignung genau kennen. In der Rekrutierungsphase werden sie nach den Kriterien Selbst- und Sozialwahrnehmung, Frustrationstoleranz und Belastbarkeit, Spontaneität und emotionale Ausdrucksfähigkeit sowie Rollenflexibilität beurteilt. Der Kontrollcharakter der Auslese ist unverkennbarer Teil solcher Seminare, der die Kandidaten manchmal unter erheblichen Druck setzt.

Sind sie auf diese Weise für gut befunden und finden sie Trainer, die bereit sind, sie gleichsam als Lehrlinge anzunehmen, so haben sie nun Gelegenheit, als Co-Trainer zu arbeiten. Am Ende dieser Laboratorien werden sie anhand der gleichen Kriterien beurteilt wie in der Eingangsstufe, jedoch zusätzlich unter den Gesichtspunkten Design-Entwicklung und Fähigkeit zur Kooperation. Erst als Drittes folgen die sogenannten „Trainings unter Supervision", in denen sie eigenständig eine Gruppe leiten. Die supervisorische Begleitung freilich findet in allen drei Etappen statt, ermutigend und ermöglichend, aber auch mit prüfendem Blick. Nach dem Abschluß der Ausbildung ist der neue Gruppendynamik-Trainer berechtigt, Interessierte als Ausbildungskandidaten anzunehmen und durch Supervision in Laboratorien zu qualifizieren. Es gibt keine besondere Gruppe der Lehr- und Kontrollgruppendynamiker. Außerdem wird sich der neue Kollege, wie er es in den Laboratorien zuvor gelernt hat, in jedem zukünftigen gruppendynamischen Seminar der Peer-Supervision der Kollegen aussetzen und sie ihnen angedeihen lassen. Supervision ist also ein selbstverständlicher Teil allen gruppendynamischen Handelns.

2. Supervision ist immer Gruppen- und Intergruppensupervision.

Die Unterscheidung von Einzel-, Gruppen- und Team-Supervision hat seit einigen Jahren einen Teil ihrer Bedeutung für mich verloren. Das war für mich selbst zunächst überraschend. Zumindest die Supervision einer einzelnen Person erscheint ja auf den ersten Blick wie ein dyadischer Vorgang. Aber so ist es eben nicht. Vielmehr ist Supervision u. a. durch zwei Bestimmungsstücke definiert:
  (1) Die Gespräche sollen einen Bezug zum Arbeitskontext aufweisen.
  (2) Es gilt das Prinzip der allseitigen Parteilichkeit. Der Supervisand wird also nicht gegen seine Kollegen, Vorgesetzten, Mitarbeiter oder andere Abteilungen und Institutionen aufgerüstet. Stattdessen sucht die Supervision, den Handlungsspielraum des Supervisanden zu erweitern, ohne andere Personen oder Gruppen – über Gebühr – zu benachteiligen.
Das bedeutet, daß die Abwesenden im Geist immer an der Supervision teilnehmen, und zwar als willkommene Gäste, und daß sie, abwesend und doch anwesend, pfleglich behandelt werden.

Die Psychodynamik der Einzelsupervision ist also nicht durch die Dyaden Supervisor-Supervisand, Supervisand-Kollegen und Supervisand-Zielgruppen des Supervisanden hinreichend gekennzeichnet. Vielmehr machen alle als Gruppe gemeinsame Entwicklungen durch. Der Patient bzw. die Kollegen sitzen seelisch mit im Zimmer des Supervisors, und der Supervisor sitzt mit im Arbeits- oder Therapiezimmer des Supervisanden. Das wird besonders deutlich, wenn die Supervision zu Ende geht. Es löst sich dann eine Reihe von Dreiergruppen auf, und eine Reihe von Teams und Gruppen, mit denen der Supervisand arbeitet, verlieren den Supervisor als unsichtbares, aber wichtiges Mitglied.

Die Perspektive auf die Gruppe ist mithin bei der Team- und Gruppen-Supervision selbstverständlich, aber auch bei der Einzelsupervision unerläßlich: Auch letztere findet stets in der Gruppe statt oder mindestens zu dritt, mit einem unsichtbaren Dritten. Ähnlich geht man ja davon aus, daß systemische Einzeltherapie möglich ist, also Therapie des Einzelnen im Kontext.

3. Das wichtigste Instrument der gruppendynamischen Supervision ist das Feedback.

Es ist eine gute Tradition aller psychologischen Schulen, daß die Supervision versucht, bei der Klärung problematischer Situationen mit den Instrumenten zu arbeiten, die der Methode selbst zueigen sind. Deutung kann so mit Deutung abgeglichen werden, Selbstexploration mit Selbstexploration, Feedback mit Feedback. Einzig die Verhaltenstherapie scheint hier eine durchaus problematische Ausnahme zu bilden. Ich lasse im Zuge dieser Darstellung einmal die andere Variante außen vor, daß man sich in der Supervision gerade diejenige Perspektive komplementär hinzuholt, die in der eigenen Arbeit fehlt, z.B. die Institutionsberatung eines psychoanalytischen Instituts oder die psychoanalytische Reflexion sozialarbeiterischen Handelns.

Feedback, das genuin gruppendynamische Instrument, fordert vom Supervisor zweierlei:

(1) Daß er das, was er wahrnimmt und als bedeutsam empfindet, möglichst phänomennah, plastisch, lebendig beschreibt, ohne es zu deuten.

(2) Daß er schildert, wie es auf ihn wirkt, d.h. welche Wirkung es bei ihm hinterläßt, z.B. als emotionale Resonanz, Zustimmung, Befremden, Skepsis, Sympathie – ebenfalls ohne Deutung. Wer Feedback gibt, stellt sich so wie der Psychoanalytiker mit seinem, wie Freud es ausdrückt, purifizierten Unbewußten als Instrument zur Verfügung, das durch den Supervisanden und dessen Bericht von seinem Patienten in Schwingung gebracht wird. In der psychoanalytischen Supervision geschieht dies in Befolgung des Abstinenzgebotes etwas mehr am Supervisanden orientiert, in der gruppendynamischen Supervision unter Nutzung der Beziehung etwas mehr interaktionsbezogen. Die Unterschiede können groß oder – je nach therapeutischer Vorbildung des Supervisors – auch klein sein.

Bei der Erwähnung des Feedback stoße ich bei Kolleginnen und Kollegen aus der Psychoanalyse manchmal auf eine gewisse Enttäuschung, wenn sie erfahren, daß hier ohne Übertragungs- und Widerstandsanalyse operiert wird. Ich möchte aber mit einigen Hinweisen für Wert und Legitimität des Feedbacks werben.

(1) Ein Teil der Gruppendynamik-Trainer hat keine umfangreiche tiefenpsychologische Selbsterfahrung genossen und keine Therapieausbildung absolviert. Da ist es keineswegs wünschenswert, daß diese Kollegen mit unfundierten Deutungen dilettieren. Wohl aber haben viele von ihnen ein feines Gespür für Interaktionen und können auf diesem Gebiet gute Hilfestellungen geben.

(2) Mancher Supervisionsauftrag, z.B. in Teams vom Jugendamt, Gefängnis, Verwaltung oder Industrie, zielt mehr auf die Steigerung der Handlungskompetenz ab, als auf das Verstehen. Nun wünschten wir uns zwar beides, das Verstehen und das Handeln; aber nicht zuletzt Fürstenau (siehe i.d. Band) hat darauf hingewiesen, daß die alte psychoanalytische Regel "Erst Verstehen – dann Handeln" etwas starr ist, und daß auch die entgegengesetzte Reihenfolge Wirkungen zeigt: Wer etwas Neues ausprobiert, kommt auch aufgrund dieser Erfahrung zu einem Verstehen bisher unbekannter Motive, Fehlhaltungen und Selbstblockierungen.

(3) Die lebendige, phänomennahe Beschreibung eines Vorgangs, verbunden mit einer persönlichen Stellungnahme von der Art, wie es im Feedback geschieht, ist für manche Menschen, die nicht aus psycho-sozialen Arbeitsfeldern stammen, oft gerade die Dosis an Konfrontation, die sie akzeptieren können und die ihnen Lust macht, sich weiter selbstreflexiv mit der anstehenden Frage zu befassen.

Ich will nun, nach dieser Vorklärung, anhand von drei Konzepten aus der von der experimentellen Kleingruppenforschung und der sozialpsychologischen Feldforschung geprägten Gruppendynamik verdeutlichen, wie aus dieser Perspektive Themen in der Supervision angegangen werden können.

II. Gruppendynamische Konzepte in der Supervision

Ich beginne hier mit sog. Cost-Reward-Hypothese von George Caspar Homans (1968).

Cost-Reward-Hypothese

Die Cost-Reward-Hypothese lautet: Die Zugehörigkeit zu einer Gruppe beruht auf dem Überwiegen des Nutzens gegenüber den Kosten. Auf dem ersten Blick wirkt sie trivial:

Natürlich versprechen wir uns von Gruppenzugehörigkeiten Vorteile, und natürlich verlassen wir eine Gruppe, wenn wir uns lange genug über sie geärgert haben. Bleibe ich, so beweist dies, daß mein Nutzen die Kosten überwiegt; andernfalls ist vom Gegenteil auszugehen. Das ist Alltag. Aber gemach. Solche Zirkelschlüssel gibt es in der Psychologie mehrere, z.B. bei der Beschreibung des Verstärkungsprozesses und der sich selbst erfüllenden Prophezeihung. Und trotzdem lassen sich heuristisch nützliche Hypothesen aus ihnen herleiten.

Die Hypothese ist nämlich nicht einfach ein Neuaufguß der Adlerschen Intentionalität und Finalität. Vielmehr bietet sie eine umfassende Erklärung für menschliches Verhalten in Gruppen an. Wenn sie denn brauchbar sein sollte, was ich noch gar nicht behaupten will, so müßte sie uns Aufschluß geben über das Verbleiben unseres Supervisanden:
- in seinem Arbeitskontext
- in seiner Partnerschaft
- in seinem Freundeskreis
- in seinen Vereins- und Verbandsmitgliedschaften und, nicht zuletzt,
- in der Supervisionsgruppe, an der er bei mir teilnimmt.

Sie müßte auch plausibel machen können, warum wir selbst gerade diese Gruppe fortsetzen, eine andere aber nicht. Denn auch wir sind ja als Supervisorinnen und Supervisoren Mitglieder der gleichen Gruppe wie unsere Supervisandinnen und Supervisanden.

Die Hypothese bindet die Mitgliedschaft weder an Personen noch an unbewußte Prozesse, ist aber offen für sie, postuliert weder eine seelische Störung, wenn jemand geht, noch besondere Reife, wenn er bleibt, und auch nicht umgekehrt eine gesunde Haltung, wenn er die Gruppe verläßt, und einen infantilen Impuls, wenn er anhaftet. Es ist möglich, Kosten und Nutzen innerseelisch zu suchen oder interaktionell oder in ganz konkreten materiellen Bedingungen und Aussichten. In jede Richtung lädt uns die Hypothese ein, zu recherchieren und neue Hypothesen zu bilden, für mich eine ungemein erfrischende divergente Spurensuche, die mich in die verschiedensten Lebensbereiche und Motivzonen des Supervisanden einlädt.

Manche Supervisanden bleiben an einem Arbeitsplatz, nicht etwa weil dieser besonders viele Vorteile mit sich brächte, sondern aus Angst vor der Unsicherheit, die ein Wechsel mit sich bringen würde – dann ist die Angstvermeidung ihr Vorteil. Manche entscheiden so aus Mangel an Alternativen – dann ist der mißliche Zustand der Gegenwart von Vorteil gegenüber dem mißliercheren, nämlich dem der Arbeitslosigkeit. Oder jemand bleibt, weil er oder sie hofft, die Zeiten würden einmal besser werden – dann ist diese vage Hoffnung der Vorteil, auf den sie ihre Entscheidung bauen. Man sieht: Ausgehend von diesem zunächst allzu schlicht wirkenden, scheinbar unkritisch aus dem Denken der Volks- und Betriebswirtschaftslehre auf seelische Sachverhalte übertragenen Konzept gelangt man rasch zu den tiefsten und persönlichsten Lebensmotiven und Bewältigungsstrategien der Supervisanden und Patienten. Der Supervisand kann auf vielen Ebenen

- Kosten und Nutzen untersuchen, wie er sie bisher veranschlagt hat
- die Realitätsnähe seiner seelischen Berechnungen überprüfen,
- Kompensationsgeschäfte in Betracht ziehen etwa der Art:"Ich nehme A, B und C in Kauf, wenn ich dafür D, E und F erreiche, und so eine grundlegende Neuorientierung in seiner beruflichen Planung vornehmen.

Rolle,... – Rolle, Rollen – ...

Ein weiteres Konzept aus der Gruppendynamik, das für mich von großer Bedeutung ist, ist das Konzept Rolle: Die Rolle als das Gesamt der Erwartungen und Gestaltungen, die mit einer bestimmten Funktion und Position verbunden sind. Die Rolle ist nicht unindividuell, aber gewissermaßen transindividuell, d.h. der Mensch gibt ihr ein Gepräge, aber sie überdauert ihn auch und weist im Wechsel der Personen eine gewisse Kontinuität auf. Für die Untersuchung aller Situationen, von denen Supervisandinnen und Supervisanden berichten, ist das Konzept Rolle sowie die Zusammensetzungen mit anderen Begriffen, die vorgestellt werden, wie z.B. Supervisandenrolle, Vorgesetztenrolle, Patientenrolle, und mit Begriffen, die angehängt werden, wie z.B. Rollenvielfalt, Rollendiffusion, Rollenkonflikt, Rollenklarheit, von größtem Wert. Denn das Rollenkonzept ist die Brücke zwischen dem Individuum und allen seinen Lebenskontexten. Viele berufliche Konflikte entstehen überhaupt nur dadurch, daß Erwartungen, die an eine bestimmte Rolle gerichtet werden, undeklariert bleiben und daher nicht erfüllt werden können. Der Mitarbeiter, dem das widerfährt, klagt dann über unklare Weisungen, der Vorgesetzte hält sich für von unfähigen Mitarbeiter umstellt und personalisiert die Sache, greift damit aber ebenfalls im Kern des Problems vorbei:

- Das Pflegepersonal in der Klinik erwartet, daß es über eine Behandlungsstrategie informiert wird; die Ärzte sind der Meinung, es genügten konkrete Weisungen zur Pflege und Medikation.

Teil 1: Supervisionskonzepte

- Im Team einer Beratungsstelle besteht scheinbar ein Abkommen, daß jeder im Wechsel angenehme und schwierige Klienten übernimmt. Aber einer der Kollegen pickt sich immer wieder die attraktiven Patienten heraus, die Pünktlichen, Reflexiven, Einsichtigen aus der gehobenen Mittelschicht, und prahlt dann mit seinen Erfolgen. Als sich die Augen der anderen erwartungsvoll – es geht ja um Rollenerwartungen – auf die Leiterin der Beratungsstelle richten, sie solle dem Treiben des Kollegen ein Ende machen, schaut sie weg. Das will sie nicht riskieren, daß daraus eine grundsätzliche Debatte wird. Denn insgeheim verfährt sie genauso wie dieser Kollege.
- Mangelnde berufliche Rollenklarheit ist eine der wichtigsten Quellen des Burnout, und zu seiner Abhilfe wird Supervision empfohlen (Fengler, 1996 a).

Solange solche Probleme allein als individuelle Versäumnisse betrachtet werden – was sie übrigens ja u.a. auch sind – wird es bei einer Reaktion schlechten Gewissens und beim Fassen guter Vorsätze bleiben. Erkennen die Betreffenden dagegen, daß das von ihnen geforderte Handeln Teil ihrer Funktion in der Rolle ist, betrifft das Thema nicht mehr ausschließlich ihre Moral, sondern wird zur Frage ihrer professionellen Identität. Es war individuell und wird zusätzlich gruppal.

Auch die Supervisorin und der Supervisor selbst profitieren vom Rollenkonzept, *wenn sie* ihre Arbeit reflektieren, denn auch sie sind ja Rollenträger. In der Regel findet Therapie und Supervision in regionaler Nähe statt. Therapieangebote richten sich an alle Schichten der Bevölkerung. Der Kontakt zwischen Therapeut und Klient kann sich dementsprechend auf die Therapiesitzungen beschränken. Für den Rest ihres Alltags bereitet es den beiden keine Mühe, sich aus dem Weg zu gehen.

Das ist in der Supervision anders. Supervision findet überwiegend innerhalb der Helfersszene statt, die an vielen Orten ohnehin klein und überschaubar ist. Sie beginnt oft erst, nachdem man schon nach vielen Jahren an dem Ort lebt und zahlreiche Kolleginnen und Kollegen aus dieser Gegend in anderen Zusammenhängen kennengelernt hat. Sie erfolgt oft auf Empfehlung durch Dritte, oder der Supervisand selbst kennt den Supervisor als Kollegen, Referenten, örtlichen Verbandsvorsitzenden, und spricht ihn i.S. einer soziometrischen Wahl unmittelbar an, weil er bereits persönlich den Eindruck gewonnen hat, mit ihm könne er frei von Scham und kompetent begleitet über schwierige Fälle und von eigenen Unzulänglichkeiten sprechen.

All dies führt dazu, daß neben dem Supervisor-Supervisanden-Kontrakt noch zahlreiche andere Beziehungen zwischen den beiden Beteiligten bestehen, von denen jede mit eigenen wechselseitigen Rollenerwartungen ausgestattet ist. Das ist nicht prinzipiell ein Fehler oder ein Nachteil, birgt aber Risiken. Denn manche dieser Rollen können Pflichten und Notwendigkeiten mit sich bringen, die mit den Aufgaben der Supervision nur schwer in Einklang zu bringen sind oder sogar in Widerspruch zu ihnen stehen.

Es begibt sich z.B. ein entfernter Kollege zu mir in die Supervision, kurz danach auch seine ehemalige Lebensgefährtin. Dabei erfahre ich von ihr, daß diese Trennung von ihm erst vor einigen Wochen erfolgte, und sehe, daß die beiden ersten Themen, die sie in der Supervision behandelt, gleich mit dieser gelösten Beziehung zu tun haben:
1. Ihre Arbeitsfähigkeit ist angesichts der frischen Trennungserfahrung stark herabgesetzt.
2. Sie stellt in der Supervision eine Studentin vor, die der ehemalige Lebensgefährte ihr für die Zeit seiner Ferien überwiesen hat und in der ich nach wenigen Worten eine Kommilitonin erkenne, die bei mir ihre Diplomarbeit schreibt.

Da ist es hilfreich, sich der verschiedenen Rollen bewußt zu sein, in denen man sich in der Supervision gegenübersitzt, und sich um Rollendistanz, Rollentranzparenz, Rollenwiderspruchsfreiheit und Rollenklarheit zu bemühen.

Gruppe und Team

In vielen Supervisionen taucht die Frage auf, was die Gruppe ist und was sie zu leisten vermag. Auch die persönliche Tüchtigkeit ist oft eingebettet in die Aufgaben, die ein Team zu leisten hat, so daß sich auch bei dieser Frage eine Individualisierung oft verbietet und eine Teamperspektive naheliegt. Auf die Frage nach der möglichen Leistungsfähigkeit des Teams und den Bedingungen, die erfüllt sein müssen, damit sie das Team auch wirklich entfaltet, hat die Gruppendynamik eine knappe und klare dreifache Antwort gegeben (Hofstätter, 1957, Fengler 1996 b):
1. Das Team regt an
2. Das Team weiß mehr
3. Das Team gleicht aus

Allerdings kann dies nur unter drei Bedingungen geschehen:

Teil 1: Supervisionskonzepte 51

1. Unabhängigkeit der Meinungsbildung
2. Gleichberechtigte Kommunikation
3. Postulat wechselseitiger Vernünftigkeit.

Dies entspricht recht gut den Vorstellungen von Jürgen Habermas über den herrschaftsfreien Dialog.

Diese Kriterien aus der Gruppendynamik können an die Zusammenarbeit angelegt werden, von der die Supervisanden aus ihren Praxisfeldern berichten. Supervisorin und Supervisor können sie ebenfalls als Leitlinie benutzen, wenn sie ihre eigene Arbeit mit ihren Supervisanden der stillen Reflexion unterziehen: Regt die Supervisionsgruppe an? Weiß die Supervisionsgruppe mehr? Gleicht die Supervisionsgruppe aus? Und weiter: Ist hier eine Unabhängigkeit der Meinungsbildung gewährleistet? Besteht Gelegenheit zur gleichberechtigter Kommunikation? Gilt das Postulat wechselseitiger Vernünftigkeit? Denn auch die Supervisionsgruppe ist ja passager ein Team mit einem gemeinsamen Arbeitsauftrag und kann sich an diesen Kriterien messen lassen.

III. Anschlußfähigkeit und Vereinbarkeit

Nun möchte ich diese Darstellung der gruppendynamischen Sicht von Supervision gern damit abrunden, daß ich die Perspektive erweitere. Denn Gruppendynamik ist nicht nur eine eigenständige Disziplin, sondern muß auch ihre Anschlußfähigkeit und Vereinbarkeit mit anderen Konzepten untersuchen und gewährleisten.

Berücksichtigung unbewußter Prozesse

Ich will auch hier exemplarisch drei Bereiche ansprechen und dann die ganze Darstellung mit einer kleinen exemplarischen Fallschilderung abschließen.

Ich hatte weiter oben das Feedback unmißverständlich von der Deutung abgegrenzt und finde dies im Sinne der begrifflichen Klarheit und für Ausbildungszwecke weiterhin hilfreich. Aber ganz so eindeutig lassen sich die Vorgänge in der Praxis nicht unterscheiden. Wer seine Person als Instrument zur Verfügung stellt, dem kommen dabei nicht nur Eindrücke, sondern auch Einfälle. Innere Bilder steigen in ihm auf, vorbewußte Stimmungsfärbungen stellen sich ein. Wer gelernt hat, darauf zu achten, und geübt darin ist, zwischen Vergangenheit und Gegenwart zu unterscheiden sowie zwischen sich und anderen, wird in seinen Rückmeldungen mehr und andere Angebote unterbreiten können als jemand ohne diese Schulung. Oder er wird, wenn er die Mitteilung dieser Dinge nicht für indiziert hält, seine Wahrnehmungen jedenfalls als Hypothesen still mitlaufen lassen. Es könnte sich auch später noch Gelegenheit oder Notwendigkeit zur einer entsprechenden Intervention ergeben. Zahlreiche Autorinnen und Autoren (z.B. Bion 1968, Heigl-Evers 1969, Richter 1969, 1970, 1972) haben tiefenpsychologisch fundierte Rollen- und Gruppenkonzepte vorgelegt, auf die sowohl in der Deutung wie im Feedback rekurriert werden kann. Gruppendynamisch orientierte Supervision kann in diese Richtung geöffnet und erweitert werden.

Institutionsperspektive

Es wäre ein Mißverständnis, würde man Gruppendynamik übersetzen mit „Binnendynamik der Gruppe". Zwar ist dies der erste Fokus von Selbsterfahrungsgruppen. Aber Gruppendynamik ist mehr. Sie betrachtet auch diejenigen Prozesse, die sich zwischen Gruppen entwickeln, sowie die Besonderheiten von Großgruppen und Institutionen. Was Größe und Komplexität des untersuchten Gegenstandes angeht, so ist sie nach oben gleichsam offen, wobei sie gut daran tut, immer mehr auch Konzepte aus Soziologie, Organisationslehre und Betriebswirtschaft und wieder auch aus der Tiefenpsychologie zu Rate zu ziehen. Großgruppen und Institutionen weisen eben zwar viele Gruppenprozesse auf, aber sie erschöpfen sich nicht darin und sind durch sie nicht hinreichend beschreibbar. Gruppendynamische Supervision geht hier in Institutionsberatung und Organisationsentwicklung über. Sie bedarf zusätzlicher Beratungskompetenzen, die über eine klinische und gruppendynamische Perspektive hinausgehen. Ein Beispiel aus der Supervision einer Tagesklinik:

In der Supervision dieser Tagesklinik kommt eines Tages wie zufällig das Thema „Glaubwürdigkeit" auf. Ich höre der Diskussion eine Weile lang zu, richte dann die Standardfrage an mich selbst: „Warum *dieses* Thema *heute?*", kann sie nicht beantworten, lasse noch etwas Zeit vergehen und frage dann, ob die Teilnehmerinnen und Teilnehmer der Runde in den letzten Wochen Erfahrungen mit Glaubwürdigkeit oder deren Fehlen gemacht hätten. Im nächsten Moment fällt das ganze Team über den Stationspfleger her, und nach und nach wird folgender Sachverhalt deutlich. Der Oberarzt, der noch für eine Reihe weiterer Stationen zuständig ist und der nicht an der Supervision teilnimmt, hat vor ein paar Tagen auf dem

Flur im Vorbeigehen zu dem Stationspfleger gesagt: „Bringt denn die Supervision überhaupt was?" – als er ihn für eine Erledigung brauchte und der Pfleger dies mit Hinweis auf den bevorstehenden Supervisionstermin ablehnte. Der Pfleger spürte den Vorwurf in der Frage, wußte nicht, ob es klug sei, dem Oberarzt zu widersprechen, und beschränkte sich in seiner Antwort auf ein undeutliches Grummeln, daß der Oberarzt als Zustimmung zu seiner Frage interpretierte. Etwas später traf der Oberarzt den Stationsarzt und versuchte, ihm den Auftrag zu übertragen, den der Pfleger nicht übernehmen wollte. Dieser lehnte, so wie der Pfleger, mit der Begründung Supervision ab. Da sagte der Oberarzt zu dem Stationsarzt sichtlich verärgert: „Diese Supervision – das bringt doch alles nichts – der Pfleger ist übrigens auch dieser Meinung." Der Arzt beriet sich daraufhin bestürzt mit dem Psychologen, der Schwester und dem Sozialarbeiter, und gemeinsam waren sie tief enttäuscht von der – wie sie meinten – menschlichen Unzuverlässigkeit und Unlauterkeit des Pflegers. Sie brachten das Thema in der Supervision zur Sprache, allerdings erst auf meine Nachfrage.

Aber der Vorfall ist nicht nur ein individuelles und interaktionelles Problem, sondern er hat auch eine institutionelle Seite. Denn der Pfleger steht in der Hierarchie der Klinik so viele Stufen unter dem Oberarzt, daß es eines erheblichen Standvermögens bedarf, um dessen Auffassungen beherzt die eigene Meinung gegenüberzustellen. Es geht also von der hierarchisch wesentlich höheren Position ein Sog zur Gefügigkeit aus, der nicht einmal durch Sanktionsdruck unterstrichen zu werden braucht und dennoch zu einer erheblichen Anpassungsbereitschaft führt. Assistenzärzte, zumal solche, die die Promotion noch nicht abgeschlossen haben, erleben ähnliches ihren Doktorvätern gegenüber.

Ressourcenorientierung

Eine gruppendynamische Perspektive ist gut vereinbar mit einer Haltung der Ressourcenorientierung. Ich will hier Ressourcen als Quellen, Stärken, Materialien, Erfahrungen und Bedeutungszuschreibungen des Patienten einschließlich seines Widerstandes definieren (Ullmann 1991). Das Konzept Ressourcenorientierung stellt für mich eine Besinnung in dem Bild dar, das wir von unseren Patienten und auch von unseren Supervisanden haben oder uns machen. Ich bin in diesem Zusammenhang auf eine merkwürdige Entdeckung gestoßen. Wenn wir von unserem Menschenbild sprechen, so betonen wir in aller Regel Autonomie und Entwicklungsfähigkeit des Menschen. Allerdings handelt es sich dabei offenbar um einen recht abstrakten Menschen, eine recht unverbindliche Konstruktion in unseren Köpfen, eben um den Menschen ganz allgemein und überhaupt. Diesem abstrakten, mit uns selbst nahezu unverbundenen Menschen Autonomie und Entwicklungsfähigkeit zuzusprechen ist kein großes Kunststück. Es kostet uns nichts.

Anders sieht es aus, wenn wir mit einem konkreten Patienten oder Supervisanden arbeiten. Dann scheint das Bild des „homo patiens" uns als Leitbild vor Augen zu stehen, also das Bild des leidenden Menschen. Jedenfalls wendet sich der Fokus unserer Aufmerksamkeit unweigerlich am liebsten seiner Leidensseite zu. Allzu lange Aufenthalte bei Bereichen seines Lebens, wo es ihm gut geht und er gut vorankommt, erscheinen uns manchmal wie vergeudete Zeit, oder so, als hätten wir nichts Rechtes gearbeitet für unser Honorar. Er wiederum folgt unserer auf sein Leiden konzentrierten Aufmerksamkeit und beschäftigt sich ebenfalls viel mehr mit seiner Leidensgeschichte und Unfähigkeit als mit seiner Salutogenese und Kompetenz.

Ressourcenorientierung des Therapeuten und des Supervisors bedeutet für mich: Der Patient und der Supervisand werden vollständiger wahrgenommen als zuvor, ganzheitlicher, realistischer. Auch wenn er leidend zu uns kommt, kann er nicht nichts, sondern er kann eine ganze Menge. Schließlich lebt er ja – offenbar hat er also eine bemerkenswerte Wegstrecke seines Lebens bereits irgendwie gemeistert.

Die folgende kleine Arbeitssequenz aus einer Supervision habe ich ausgewählt, weil ich hoffe, in ihr mehrere der Aspekte sichtbar machen zu können, die in meiner bisherigen Darstellung eine Rolle gespielt haben: Gruppen- und Intergruppenperspektive, Feedback, Rollenverständnis, unbewußte Prozesse, Institutionsperspektive und Ressourcenorientierung. Ich habe bewußt eine Einzelsupervision genommen, um zu zeigen, daß selbst hier eine Gruppenperspektive hilfreich ist – bei Teamsupervisionen kann das als selbstverständlich betrachtet werden.

Eine 55jährige Theologin und Psychotherapeutin unterzieht sich bei mir einer Supervision, in der es u.a. um die Gründung eines Ausbildungsinstituts geht. Sie ist mit den Vorarbeiten gut vorangekommen und steht nun kurz vor der Eröffnung des Zentrums. Aber der Berufsverband, in dessen Namen sie das Institut führen möchte, macht ihr immer wieder neue Auflagen, die sie mittlerweile als schikanös empfindet und nicht mehr zu erfüllen bereit ist. In der Sitzung, von der ich nun berichten werde, überlegt sie, ob jetzt nicht der Zeitpunkt gekommen sei, wo sie zum Gegenangriff übergehen solle. Sie könne ihren Austritt erklären, den Verband gleichwohl verklagen, einen Konkurrenzverband gründen und alle diejenigen aufnehmen, die mit der Politik des Verbandes schon lange nicht mehr einverstanden sind; entsprechende Äußerungen habe sie von verschiedenen Kolleginnen und Kollegen gehört; man könne nicht immer nur hinnehmen und schlucken; vielleicht sei es ja ihre Aufgabe, dem ohnehin siechen Verband den Todesstoß zu versetzen.

Sie hat sich ordentlich in Feuer geredet und sieht mich nun erwartungsvoll an, als solle ich ihr rechtgeben und ihr vielleicht auch als Organisations-Entwicklungs-Berater für die Neugründung zur Seite stehen. Mein Enthusiasmus freilich hält sich in Grenzen. Denn das Projekt scheint mir etwas zu groß geraten, zu sehr aus dem Ärger heraus geboren und ohne eigene Linie. Da verfällt auch sie ins Grübeln, zögert, bedenkt, zweifelt. Dann wieder flammt ihr Zorn auf, und sie sagt: „Ich werde denen zeigen, daß auch eine einzelne Frau etwas bewirken kann. David gegen Goliath – das Motiv hat mich schon als Kind fasziniert!"

Ich gebe Verschiedenes zu bedenken: Ein Rechtsstreit kann sich hinziehen; Name und Tradition des Verbandes und seiner Zertifizierungsautorität werden manche Mitglieder davon abhalten, zu dem neuen Verband überzuwechseln; welches Ansehen wird ihre Neugründung bei den Ausbildungskandidaten, welches bei den Krankenkassen genießen? Sie ist grimmig und beginnt, mit mir zu streiten. Ich sage, daß ich ihr Berater sei, nicht ihr Gegner. Da lacht sie und hält inne.

Sie schwankt unentschieden zwischen pro und contra, aber die Zeit drängt wegen verschiedener Einspruchsfristen, die sie ggf. einhalten muß. Wir können die Entscheidung nicht auf die nächste Sitzung verschieben. Ohne klare Entscheidung möchte ich, wenn möglich, die Sitzung nicht beenden. Da fällt mir ein, sie eine kleine Traumreise in die Zukunft machen zu lassen. Ich bitte sie also, die Augen zu schließen, sich bequem zu setzen und sich innerlich an einen Ort zu begeben, an dem sie sich in etwa zehn Jahren, wenn sie 65 Jahre alt ist, gern aufhalten wird. Dies fällt ihr leicht. Sie findet sich in dem kleinen Garten an ihrem Haus wieder. Es ist ein Sommertag mit Sonne am Vormittag. Sie jätet Unkraut, aber nur beiläufig; es müßte nicht sein. Sie fühlt sich etwas älter und faltiger, aber auch gefestigt, gelöst und frei. Ich bitte sie, ein wenig in dieser Stimmung zu verweilen. Ein Lächeln huscht über ihr Gesicht, sie atmet lautlos. Ich sage: „Sie sind jetzt 65 und fühlen sich wohl. Gehen Sie jetzt bitte einmal in Ihrem Leben zurück und erinnern Sie sich, gemächlich, ein paar Jahre zurück, bis zum 60. Lebensjahr, und jetzt noch einmal ein paar Jahre zurück zu Ihrem 55. Lebensjahr. Erinnern Sie sich, während Sie jetzt hier im Garten stehen, daran, daß Sie damals diese Auseinandersetzung mit dem Berufsverband hatten? Wie ist diese Sache damals eigentlich ausgegangen?" Ihre Augenlider bewegen sich jetzt ein wenig, als wolle sie die Augen öffnen; sie atmet tief. Dann sagt sie, halb noch in der milden Entspannung verweilend, mit einer wegwerfenden Geste, als spräche sie 65jährig von der Vergangenheit: „Ach? Das? Ach so, ja da war ich sehr wütend, aber das war die ganze Sache nicht wert. Ich habe diese drei läppischen Bescheinigungen nachgereicht. Da war der Vorstand zufrieden. Danach habe ich meine Kraft ganz auf das Institut konzentriert, statt gegen den Vorstand zu prozessieren." Dann schlägt sie die Augen auf, schaut mich an und sagt: „Eigenartig, daß ich das jetzt schon weiß, obwohl ich noch gar nicht 65 bin!" Es macht den Eindruck, daß sie in diesen wenigen Minuten das Gesamt der individuellen gruppalen und institutionellen Feldkräfte, die an dem Konflikt beteiligt sind, einschließlich ihrer eigenen, noch einmal neu sichtet und bewertet und zu einer intuitiven, aus dem Unbewußten gespeisten Sicherheit findet, die unsere vorangegangene Erörterung zu einem sicheren Abschluß bringt.

Tatsächlich ist sie in den darauffolgenden Wochen genau so vorgegangen. Sie hat das Institut innerhalb weniger Monate eröffnet und zum Erfolg führen können. Für mich ist an diesem wie auch an anderen Beispielen deutlich geworden, daß meine supervisorische Arbeit immer eine doppelte Perspektive benötigt:
1. Eine Fokusbildung beim Individuum, die wahlweise einen störungsspezifischen, verstehensfördernden, ressourcenorientierten oder problemlösenden Akzent haben wird, und
2. die fortwährende Wahrnehmung der Gruppen-, Intergruppen- und Institutionsdynamik als Hintergrundfolie des Geschehens.

Literatur

Bion, W. (1968) Erfahrung in Gruppen und anderen Schriften. Klett, Stuttgart.

Fengler, J. (1996 a) Helfen macht müde. Zur Analyse und Bewältigung von Burnout und beruflicher Deformation. Pfeiffer-Verlag München. 4. Auflage.

Fengler, J. (1996 b) Konkurrenz und Kooperation in Gruppe, Team und Partnerschaft. Pfeiffer-Verlag München.

Heigl-Evers, A. (1969) Konzepte der analytischen Gruppenpsychotherapie. Vandenhoek und Ruprecht, Göttingen.

Homans, G. C. (1968) Theorie der sozialen Gruppe. Westdeutscher Verlag Opladen.

Richter, H. E. (1969) Eltern, Kind und Neurose. Rowohlt, Reinbek.

Richter, H. E. (1970) Patient Familie. Rowohlt, Reinbek.

Richter, H. E. (1972) Die Gruppe. Hoffnung auf einen neuen Weg, sich selbst und andere zu befreien. Psychoanalyse in Kooperation mit Gruppeninitativen. Rowohlt, Reinbek.

Ullman, H. (1991) Alternative Methoden der Hypnotherapie. Versuch einer Antithese zur „klassischen" Therapie mit Hypnose. Ärzliche Praxis und Psychotherapie, 13, 15–20.

Grundlagen gruppenanalytischer Supervision

Werner Beck

Supervision dient erhöhter Kompetenz im Rahmen professionellen Handelns mit Hilfe von Empathie und Reflexion.

Gruppenanalytische Supervision bedient sich der Konzeption und Methodik der Gruppenanalyse (Foulkes 1970, 1971, 1974), die besonderes Augenmerk den unbewußten und vorbewußten Aspekten pluraler Kommunikation widmet.

Die Wurzeln des Modells

Gruppenanalyse in der Tradition von S.H. Foulkes arbeitet immer mit der Gesamtsituation und -Konfiguration, analysiert die Vernetzung des Einzelnen in der sozialen Situation, aus der er kommt, wie auch die aktuelle Vernetzung in der jeweiligen Situation, die die Gruppenanalyse in vivo untersucht: sei es eine therapeutische oder eine Supervisionsgruppe, ein Team oder eine Organisation. Sie versteht den Einzelnen als Knotenpunkt in diesen Netzwerken, studiert die Art und Weise seiner Teilnahme an der Kommunikation im jeweiligen Netzwerk. Den Bodensatz stattgefundener Kommunikation und Interaktion im Netzwerk der gewachsenen Beziehungen nennt Foulkes „Matrix": darunter versteht er den Nährboden, die Grundlage, den Ursprung jedweden Geschehens und Handelns in einer Gruppe. Er vergleicht die Matrix mit den Fußspuren im Schnee zwischen den Iglus einer Eskimo-Siedlung, unterscheidet den kollektiv-gesellschaftlichen Hintergrund, aus dem eine Gruppe entsteht, die *Grundlagenmatrix*, und die *dynamische Matrix* der jeweiligen Gruppe, als die historisch entstehenden und sich entfaltenden Vernetzungen und Beziehungen im Verlauf des Gruppen-prozesses. Je nach der Aufgabenstellung einer Gruppe finden diese Arten der Matrix unterschiedliche Beachtung.

Diese Vorstellungen haben ihre Wurzeln in Foulkes' neurologischer Ausbildung bei Kurt Goldstein (1925, 1948). Stark geprägt wurde er auch von der Gestaltpsychologie und der Frankfurter Schule der Soziologie vom Ende der 20er und Anfang der 30er Jahre (Jay 1973). Daher ist es ihm wichtig, daß jedes Geschehen in der Gruppe auf seinen Stellenwert und seine Bedeutung im Gesamtgeschehen untersucht wird.

Verschiedene Formen der Supervision

Das Gesamtgeschehen entfaltet sich nach Foulkes (1970, 79–80) auf fünf Ebenen:
a) der *primordialen Ebene* mit den tiefsten kollektiven Phantasien,
b) der *Körper-Ebene* mit der Leiblichkeit der Gruppenmitglieder wie auch Phantasien von der Gruppe als dem Körper und seinen Organen,
c) der *Projektions-Ebene*, auf der es keine klare Trennung zwischen Subjekt und Objekt, Individuum und Gruppe gibt, Verschmelzung und Abgrenzung zentrale Themen sind,
d) der *Übertragungebene*, wo frühkindliche Situationen in der Gruppe aktualisiert und reinszeniert werden, die Gruppensituation wahrgenommen wird, als sei die Primärsituation der Kindheit wieder lebendig geworden,
e) der *aktuellen Ebene*, wo die Gruppe zur Institution wird, Öffentlichkeit und Gesellschaft repräsentiert.

Alle 5 Ebenen sind am Gesamtgeschehen beteiligt, wenn auch in unterschiedlichem Ausmaß und in unterschiedlicher Weise. Hierin unterscheiden sich auch verschiedene Formen der Supervision.

Team-Supervision dient letztendlich der Qualitätssicherung der Arbeit und nicht primär der Beziehungsklärung. Letztere dient im Rahmen der Team-Supervision der Verminderung von Störungen in Arbeitsabläufen und arbeitet mit dem Wissen und der Methodik der Gruppenanalyse, um Kommunikationsstörungen in Arbeitsbeziehungen besser verstehen und soweit wie möglich auflösen zu können.

Bion (1990) beschrieb, wie Arbeitsgruppen zwangsläufig und regelhaft immer wieder regressiv auf Grundannahmen aus kindlichen Positionen zurückgreifen: sich z.B. ganz abhängig von der Leitung wahrnehmen, oder die Arbeitswelt mit bedrohlichen Zügen ausstatten, auf die sie dann mit Kampf oder Flucht reagieren, oder ihre ganze Hoffnung in richtungweisende Paarbildungen setzen, die dann messianische Heilserwartungen erfüllen sollen. Diese und andere derartige Grundannahmen können die Arbeitsfähigkeit beeinträchtigen, hängen eng zusammen mit den Ebenen a bis c (primordiale, Körper-, Projektions-Ebene), infantilisieren die Arbeitsgruppe.

Bion betonte die Notwendigkeit, diese Phänomene bewußt und transparent zu machen, damit aus der regressiven Grundannahmen-Gruppe wieder eine Arbeitsgruppe werden kann. Diese Art der Arbeit ist die Domäne der Team-Supervision.

Natürlich spielen diese Phänomene auch in *fallzentrierte Supervisionen* mit hinein: sowohl durch Übertragung, Widerstand und Agieren auf Seiten der supervidierten Fälle (Einzel oder Gruppe), wie auch durch Gegenübertragung und Mitagieren (Klüwer 1983, 1995) auf Seiten der vorstellenden Kollegen und der beteiligten Supervisionsgruppe. Die Übertragungsebene (d) ist hier von zentraler Bedeutung.

Bei *gruppenanalytischer Organisationsberatung* handelt es sich um Gruppenanalyse der Institution, geht es zentral um das System, die Organisationsstruktur, das Zusammenwirken der verschiedenen Ebenen der hierarchischen Pyramide, wie auch der Untergruppen untereinander auf den verschiedenen Ebenen. Hier gilt das Hauptaugenmerk der aktuellen Ebene (e), spielt aber häufig die primordiale Ebene (a) eine erhebliche Rolle, müssen nicht selten die Ebenen b bis d zum besseren Verständnis mit hinzugezogen werden.

Im Sinne der Gestalttheorie wird hin und wieder die eine Ebene zum Vordergrund im Brennpunkt des Interesses, um in einer anderen Supervision mehr in den Hintergrund zu rücken. Besondere Beachtung schenkt Foulkes dem Rahmen und der Grenzzone des jeweiligen Systems: den Einwirkungen von außen nach innen und den Auswirkungen von innen nach außen.

Äquivalenz und Sprachzerstörung

Foulkes (1971, 7) lenkte die Aufmerksamkeit auf den Akt des Sprechens, betonte, daß in rein verbalen Gruppen das Sprechen für alle möglichen Funktionen verwandt wird: für das Berühren, Kämpfen, Anklammern, Fernhalten usw. Dadurch erhält das Sprechen einen inhaltlichen und einen Handlungs-Aspekt, und beide Aspekte haben die gleiche Botschaft zu übermitteln. Geht dieser Zusammmenhang verloren, d.h. werden unterschiedliche Botschaften durch den *Akt des Sprechens* und seinen Inhalt übermittelt, spricht Lorenzer (1973a & b) von *„Sprachzerstörung"* als einem neurotischen Widerstandsphänomen. Er sieht es als eine der Hauptaufgaben der Psychoanalyse an, die Äquivalenz von Inhalt und Interaktion wieder herzustellen. Die Gruppenanalyse geht davon aus, daß jede

Gruppe unbewußt oder vorbewußt von dem spricht, was in ihr geschieht, daß aber auch in der Gegenrichtung eine Gruppe durch das, wovon sie spricht, in der Qualität ihrer Interaktion verändert wird (Beck 1990). Das ubiquitäre Widerstandsphänomen der Sprachzerstörung wird auch in der Gruppe als Verlust dieser Äquivalenz von Inhalt und Interaktion wirksam. Die Analyse der Konvergenz oder Divergenz der sprachlichen und nichtsprachlichen Kommunikation verdient besondere Beachtung, führt zu Evidenz und Stimmigkeit oder deren Mangel. Hier ein Beispiel für diese Art der Konvergenzanalyse:

In einer psychotherapeutischen Klinik war um den Jahreswechsel herum viel Veränderung sowohl bei den Patienten wie auch beim Personal entstanden, was Unruhe ausgelöst hatte. Eine Kollegin berichtete in der Supervisionsgruppe, daß sie an einem kalten Morgen beim Hereinkommen ihre Stationsgruppe im ungeheizten, dunklen Raum sitzend fand. Sie habe Licht und Heizung angedreht, aber nichts dazu gesagt. Ein kürzlich aufgenommener Patient habe nach einem zähen Schweigen von einem Abendgespräch mit einem klinikerfahrenen Mitpatienten von Balkon zu Balkon berichtet, das letzterer abrupt beendet habe, um mit dem lapidaren Satz in seinem Zimmer zu verschwinden: „Halbelf: Bettruhe!" Die Kollegin berichtete das spürbar enttäuscht und ratlos.

In der Supervisionsgruppe schloß jemand an dieser Stelle ein gekipptes Fenster: sie fröstele. Mehreren Kollegen war es genauso gegangen: fröstelnd fanden sie keinen Zugang zu der Gruppe. Einige meinten ärgerlich, die Stationsgruppe verweigere unmotiviert den Kontakt. In beiden Gruppen hatte sich das Geschehen verdichtet um die Thematik des „kühlen", desinteressierten Rückzugs ins Dunkel. Das wurde sogar von den alten an die neuen Patienten weitergegeben, wurde auch zu Beginn der Stationsgruppe der Kollegin als Repräsentantin der Klinik von den Patienten demonstriert. Erik Erikson (1965, 70) beschreibt einen schlecht versorgten, enttäuschten und erschöpften Säugling, der seinen eigenen Daumen entdeckt und auf die Welt pfeift. So ähnlich dürfte die demonstrative Abwendung der Patienten im dunklen, kalten Gruppenraum zu verstehen sein, aber auch der Kontaktabbruch im Balkongespräch. Ärger und Enttäuschung der Patienten in der traditionell schwierigen Zeit zwischen den Jahren hatten sich ganz unmittelbar in der Atmosphäre in der Supervisionsgruppe gespiegelt. Die Patienten hatten „es den Therapeuten gezeigt", und „es" war „angekommen".

Das Beispiel macht zum einen die Auswirkungen der Sprachzerstörung in der Kommunikaton deutlich, zum anderen die Art, wie das Äquivalenz-

Prinzip die Arbeit in der Supervision lenkt, und schließlich, wie sich der Gruppenprozeß in der Supervisonsgruppe spiegelt.

Spiegelung und Resonanz

Dieses Phänomen der Spiegelung der supervidierten Gruppe in der Supervisionsgruppe illustrierte Annelise Heigl-Evers im Rahmen einer Tagung mit Hilfe der folgenden Erzählung:

Ein Ritter ritt mit seinem Knappen über Land. Der Knappe erzählte seinem Herrn von einer Auseinandersetzung mit seiner Ehefrau, in deren Verlauf sich der Knappe so sehr über die Widerspenstigkeit seiner Frau aufgeregt habe, daß er sie geschlagen habe. Er erzählte das mit solcher Entrüstung, daß sich der Ritter gut in ihn hineinversetzen konnte. Bei der Heimkehr am Abend erzählte der Ritter die Geschichte seiner Rittersfrau mit ähnlicher Entrüstung: ganz identifiziert mit seinem Knappen. Die Rittersfrau dagegen ergriff sofort Partei für die Frau des Knappen, entrüstete sich in ähnlicher Heftigkeit über die Grobheit des Knappen. Das führte zwischen beiden zu einer so heftigen Auseinandersetzung, daß der Ritter schließlich die Hand gegen seine Frau erhob.

So spiegelt sich das Berichtete im aktuellen prozeßhaften Geschehen. Das hängt zum einen mit der „Resonanz" (Foulkes, 1974, 31) zusammen, dem Mitschwingen in der gleichen Wellenlänge, der Basis aller Empathie. Hinzu kommt aber auch das in den letzten Jahren vielfach beschriebene und kommentierte Phänomen der „projektiven Identifikation" (Ogden, 1988): unerträglich Belastendes wird unbewußt einem Gegenüber zum Zweck der Entlastung anvertraut wie einem Gefäß oder Container. Das kann sehr unmittelbar wirken, indem es die interpersonellen Grenzen außer Kraft setzt, „entgrenzt". Das belastende Material „landet" dann buchstäblich im Zuhörer, setzt diesen unter Druck. Der Supervisionsgruppe kommt gerade in diesem Fall eine ganz wichtige Entlastungsfunktion zu, da die Container-Funktion unmittelbar auf sie übergehen kann. Das gilt ebenso für den Supervisor/die Supervisorin. Daß das, wovon die Supervisionsgruppe spricht, sich in ihr spiegelt, sich in Interaktion umsetzt, kurz: die Äquivalenz von Inhalt und Dynamik, ist ein wichtiger Indikator für das prozeßhafte, szenische Geschehen in der vorgestellten Gruppe.

Der Pflege dieser Fähigkeit zum empathischen Mitschwingen, zur Resonanz, dient gruppenanalytische Supervision. Natürlich ist dieses Sich-in-Mitleidenschaft-ziehen-lassen nur der erste Schritt.

Szenisches Verstehen

Im Sinne der therapeutischen Ich-Spaltung ist es sodann notwendig, sich aufgrund der eigenen Gegenübertragung dem Verstehen des szenischen prozeßhaften Geschehens zu nähern, zu rekonstruieren, welche primäre Beziehungskonstellation aus der frühen Kindheit hier in Szene gesetzt wird. Die aktuelle Situation als Reinszenierung primären Materials zu verstehen, nennt Lorenzer (1973a) „szenisches Verstehen".

Der Maler Paul Klee illustrierte diese Vorstellungen 1905 durch das folgende wunderbare Gedicht:

„Die Individualität ist nichts Elementares,
sondern ein Organismus.
Elementare Dinge unterschiedlicher Art
wohnen da unteilbar zusammen.
Wenn man teilen wollte,
stürben die Teile ab.
Mein Ich ist beispielsweise
ein ganzes dramatisches Ensemble,
da tritt ein prophetischer Urvater auf,
da brüllt ein brutaler Held.
Da räsoniert ein alkoholischer Bonvivant
mit einem gelehrten Professor.
Da himmelt eine chronisch verliebte Lyrica.
Da tritt der Papa pedantisch entgegen.
Da vermittelt der nachsichtige Onkel.
Da tratscht die Tante Schwätz.
Da kichert die Zofe Schlüpfrig.
Und ich schaue zu mit erstaunten Augen,
die gespitzte Feder in der Linken."
(Klee 1960, S. 56/57)

Beschreibt Klee in den letzten beiden Zeilen die selbst-reflexive Funktion der therapeutischen Ich-Spaltung? Oder findet sich hier die abstinente Distanz des gruppenanalytischen Supervisors? Jedenfalls nimmt er die Vorstellung vorweg vom individuellen Ich als Organismus und Ensemble.

Szenisches Verstehen führt Argelander auf eine „szenische Funktion des Ich" (1971, 61) zurück, durch die unbewußte Konflikte in Szene gesetzt würden. Das Erkennen und Verstehen solcher Inszenierungen wäre dann durch Supervision zu fördern und entwickeln. Für Lorenzer (1971,1973a) ist das In-Szene-Setzen als Ich-Funktion zu funktionalistisch. Für ihn (1986,

42) „ist die Szene das unmittelbar Ursprüngliche", treten die Einzelobjekte erst nach und nach aus der Szene heraus, fußt szenisches Verstehen auf szenischer Wahrnehmung. Seine radikalste Aussage ist, daß zu Beginn des Lebens „nicht Einzelobjekte wahrgenommen werden, sondern Ensembles, Situationskomplexe" (1986, 42), was zu „szenischen Erinnerungsspuren" führe. Die Verwandtschaft zu Klee ist unverkennbar.

Subjektivität ist für ihn „nichts anderes als der Niederschlag der konkreten Interaktionen, die bei diesem Kind in diesem Moment der Lebensgeschichte und zu diesem geschichtlichen Zeitpunkt stattfanden" (1973b, 104). „Die tiefsten Szenen" weit unterhalb jedes Bewußtseins nennt er die intrauterinen Aktionen und Reaktionen zwischen Mutter und Kind (1988, 8), womit der szenischen Wahrnehmung das Erleben interaktiven Geschehens in einer zutiefst vorsprachlichen Form vorausginge. Diese „früh gebildeten szenischen Erlebnismuster (entfalten) auch dort lebenspraktische Wirksamkeit, wo ‚höher' entwickelte Organisationsformen des Handelns bereits lange im Spiel sind" (Lorenzer 1988, 12). Nachgeburtliches „kindliches Verhalten gewinnt seine Form in stufenweiser Einigung zwischen kindlicher Natur und mütterlicher Praxis" (Lorenzer 1973b, 103), was zu einem „System aufeinander abgestimmter Interaktionformen"(1973b, 103) führe. Erst mit dem Spracherwerb erwüchsen aus diesen „Einigungsformeln" (Lorenzer 1973b, 126) „Sprachfiguren als symbolische Interaktionsformen". Diese Erlebnismuster und Einigungsformeln müßten im Modus der „funktionalen Regression auf die Teilhabe an der Interaktionsstruktur" (Lorenzer 1973b, 145) des Patienten oder der Gruppe oder auch analog der Supervisionsgruppe in einem hermeneutischen Prozeß ermittelt werden: „Durch das Puzzlespiel der Mitteilungen des Patienten als Szenen hat der Psychoanalytiker den verschütteten Sinnzusammenhang des aktuell determinierenden infantilen Dramas zu suchen" (1971, 36/37). Der Sprecher solle verstanden werden, nicht das Gesprochene, fordert er, und auch nicht in seiner Funktion als Sprecher, sondern „als Akteur im Spiel der Szenen" (1971, 36). Die Akteure suchten „über die Wiederherstellung der Szene den verdorbenen Rollentext des gesellschaftlich deformierten Subjekts"(1971, 44), die Komplettierung der situativen Bedeutung der Szene (1973a, 176). Obwohl sich Lorenzer dabei ausschließlich auf die klassische Psychoanalyse bezieht, wird das Individuum von Anfang an in seiner gruppalen Vernetzung deutlich, liefert er damit den bei Foulkes gelegentlich vermißten theoretischen Unterbau zur Gruppenanalyse: sei es nun in ihren klinisch-therapeutischen oder supervisorischen Anwendungen. „Die Wiederherstellung der neurotisch gesperrten Kommunikation ist das vordringlichste Ziel der psychoanalytischen Therapie," schreibt er (1973b, 101) in fast wörtlicher Übereinstimmung mit Foulkes.

Gruppenanalytische Haltung in der Supervision

Zur Charakterisierung einer gruppenanalytischen Haltung in der Supervision greife ich zurück auf die Formulierungen Lorenzers. Es geht darum, „durch das Puzzlespiel der Mitteilungen als Szenen" ... „den verschütteten Sinnzusammenhang des aktuell determinierenden infantilen Dramas zu suchen", und sich dabei nicht zu sehr auf das gesprochene Wort und seinen Inhalt zu beziehen, sondern auf die „Akteure im Spiel der Szenen" (1971, 36/37).

In einer Supervisionsgruppe wurde Foulkes von einem Kollegen eine klinische Stationsgruppe vorgestellt, in der die Patienten den mangelhaften Nachschub an Toilettenpapier beklagten. Der Kollege und auch unsere Gruppe wußte wenig mit dieser „trivialen" Klage anzufangen. Foulkes griff auf, daß die Patienten sich offensichtlich beklagten, nicht einmal das Lebensnotwendige zur rechten Zeit und in ausreichender Menge zu bekommen, daß sie sich wohl nicht gut versorgt fühlten und in ganz unangenehmer Weise mit ihrer Abhängigkeit und Bedürftigkeit konfrontiert. Schlagartig war nun klar, daß die scheinbar so triviale Klage ganz primäres Material zutage förderte, und daß es viel Sinn machte, mit den Patienten hierüber ins Gespräch zu kommen. Das setzt aber das Verständnis voraus, daß meist in verschlüsselter Form die Gruppe unbewußt von ihrer eigenen Situation und Kommunikation spricht. Auch die scheinbar belangloseste Klage oder Frage in Bezug zu setzen zur Gruppensituation und dem Geschehen in ihr, ist für mich der Prototyp einer gruppenanalytischen Haltung in der Supervision.

Arbeiten mit der Gegenübertragung

Foulkes stand dem modernen Verständnis der Gegenübertragung kritisch gegenüber, sofern es nicht unterscheidet zwischen den beschriebenen Resonanz-Phänomenen und der Gegenübertragung im engeren Sinn, die ursprünglich analog zur Übertragung als unbewußte neurotische Wahrnehmung und Ausgestaltung der analytischen Situation durch den Analytiker verstanden wurde. Gegenübertragung in diesem neurotischen Sinne auf

Seiten des Analytikers trübt den Sinn und verfälscht die Wahrnehmung: hiervor warnte Foulkes und betonte die Notwendigkeit der Supervision, um die Gegenübertragungs-Verfälschungen so weit wie möglich auszuschließen (persönliche Mitteilung).

Seit Paula Heimanns Arbeiten zur Gegenübertragung (1950/60) wandelte sich deren Stellenwert von einem Störfaktor zu einer Quelle von Informationen für das Verständnis der unbewußten Aspekte der Situation. Die Frage nach der gegenseitigen Beeinflussung von Patient und Analytiker gewann immer mehr an Bedeutung. Anders ausgedrückt: die Beschaffenheit der analytischen Beziehungssituation rückte in den Brennpunkt des Interesses. Klüwers viel beachtete Arbeiten zum „Agieren und Mitagieren" (1983/95) zeigten die Verbindung zwischen dem Konzept der Szene und dem des Agierens auf, daß beide Seiten der analytischen Beziehung Distanz verlieren und zur Gestaltung der Interaktion beitragen, daß an die Stelle von Freuds Ideal des ungetrübten Spiegels ein neues Paradigma getreten ist: der Analytiker als Teilnehmer an der Interaktion, einbezogen in eine sich aktualisierende infantile Szene, um dann die Interaktionsphänomene, an denen beide Seiten beteiligt sind, der analysierenden Bearbeitung zugänglich zu machen. Dieser Akt der therapeutischen Ich-Spaltung, wo der Analytiker zuerst in Mitleidenschaft gezogen wird, um das dabei Erfahrene dann der Reflexion zuzuführen, ist eine entscheidende Innovation des Verständnisses von Gegenübertragung und Mitagieren. Auch gruppenanalytische Supervision arbeitet in diesem Sinne mit den in vivo entstehenden Interaktionsphänomenen.

Ogden (1994) spricht in diesem Zusammenhang vom „analytischen Dritten", meint damit das wechselseitige Interaktionsgefüge zwischen Analytiker und Analysand, in das beide Seiten des analytischen Prozesses unweigerlich mit einbezogen würden, das zwangsläufig von beiden Seiten unterschiedlich wahrgenommen und erlebt würde, das erst plastisch würde und Tiefe entwickelte, wenn beide Seiten ihre unterschiedlichen Perspektiven zusammentrügen, und sich der Einseitigkeit der jeweiligen Sichtweise bewußt würden. Das fügt der Freudschen narzißtischen Kränkung, nicht „Herr im eigenen Haus" zu sein, sowie der zweiten narzißtischen Kränkung durch die gruppenanalytische Erkenntnis, nur ein Knoten im Beziehungs-Netzwerk zu sein, die dritte narzißtische Kränkung hinzu, als gruppenanalytischer „Beobachter" Teil des beobachteten Gesamtgeschehens zu sein und verändert zu werden durch das Beobachten wie auch durch das Beobachtete. Hier bekommt die Kopenhagener Erklärung der Quanten-Physik höchste Aktualität für beide Disziplinen: die Psychoanalyse und auch die Gruppenanalyse, die einer gemeinsamen theoretischen Grundlage ihrer Konzepte noch nie so nahe waren wie heute.

Aktualisierung und Reinszenierung

Daß sich in einer Gruppensituation eine infantile Szene wiederholt, läßt sich auf die Phänomene der „Aktualisierung" (Klüwer 1995) und der „Reinszenierung" („Enactment", Jacobs 1986; Johan 1992) zurückführen. „Aktualisierung" meint, daß ein Wunsch, der bisher schlief, geweckt wird und nun auf Verwirklichung drängt. Klüwer (1995, 54) sieht darin den dem Agieren zugehörigen Innenvorgang, der darauf drängt, den Analytiker zum Mitspielen zu bewegen in einer reinszenierten infantilen Szene im Sinne der Wunscherfüllung. Das daraus folgende In-Szene-Setzen der aktualisierten Tendenzen nennt Jacobs (1986) „enactment", beschreibt es als eine gemeinsame Regression der Beteiligten am analytischen Prozeß.
Hier ein kurzes Beispiel zum Phänomen der *Aktualisierung*:

In einer gemischten Gruppe mit Psychoneurotikern und Patienten mit psychosomatischer Leitsymptomatik schaltete sich 5 Minuten vor Schluß eine Herzneurotikerin in das Geschehen ein: sie wolle „rasch noch" etwas berichten. Als es gestern wieder so stürmisch gewesen sei, habe sie Herzrhythmusstörungen bekommen, die wohl mit dem Wetter zusammenhingen. Heute früh sei sie dann aus einem Traum tränenüberströmt aufgewacht. Den wolle sie „kurz" erzählen, weil sie ihn nächste Sitzung sicher schon wieder vergessen hätte. Sie habe im Traum ganz verzweifelt nach ihrer Mutter gesucht und gerufen. Dabei sei sie gar kein Kind mehr gewesen, sondern eine erwachsene Frau (sie war Mitte 40). Sie vermute, das hänge mit den Katastrophenmeldungen der letzten Tage zusammen (die Stürme in dieser Zeit hatten viele Tote gekostet und Verwüstungen angerichtet). Der Therapeut machte sie auf die abgelaufene Zeit aufmerksam, und daß es dadurch unmöglich werde, sich eingehender mit dem Traum und ihren Herzbeschwerden zu befassen. Sie betonte, sie habe das auch gar nicht vorgehabt. Sie habe nicht unhöflich sein und unterbrechen wollen. Daß sie das so unwichtig nehme, löste in der Gruppe Verwunderung aus.

Die entfesselten Naturgewalten mit ihren Verwüstungen und Todesopfern hatten in ihr Verlustängste geweckt, die um ihre Mutter kreisten, ließen sie sich im Traum in Tränen auflösen. Die Stärke der aktualisierten Verlustängste beunruhigten sie, was sie dazu veranlaßt hatte, sie wieder wegzuschieben.

Bis „5 vor 12" war ihr das gelungen. Daß die Uhr fast abgelaufen war, aktualisierte in der Gruppe ihre Ängste erneut. Es trug aber auch ihrem Wunsch Rechnung, diesen Ängsten zu entfliehen, sich nicht ausführlicher damit befassen zu müssen.

Hatten die Sturmfolgen ihre alten Verlustängste mobilisiert, erinnerte das näherrückende Ende der Gruppenzeit sie erneut an „das Ende". Es handelt sich um eine Aktualisierung in zwei Schritten gegen ihren Widerstand. Die Art ihrer Inszenierung in der Gruppe zeigt, wie sehr sie fürchtet, zur Last zu fallen, daß sie aber damit auch einen Unmut auf sich zieht, der deutlich in der Supervisionsgruppe zu spüren war.

Das analytische Dritte und die szenische Evidenz

Aktualisierung und Reinszenierung führen dazu, daß sich tatsächlich die Distanz zwischen den Beteiligten verringert, daß beide Seiten an der wiederbelebten Szene beteiligt sind, sie das „analytische Dritte" (Ogden 1994) schaffen. Wird über diese Phänomene in einer Supervisions-gruppe berichtet, ereignet sich durch Spiegelung und Resonanz, durch Aktualisierung und Reinszenierung auch dort die Verringerung der Distanz, bewirkt die geteilte Regression die Entstehung des analytischen Dritten. Diese Art des Arbeitens zieht sehr in Mitleidenschaft, hat dafür aber auch eine starke szenische Evidenz. Sie führt rasch hin zum dynamischen Agens im Brennpunkt des Geschehens: sei es nun ein Konflikt, oder sei es, daß das szenische Verstehen zu zugrunde liegenden präödipalen oder präverbalen Interaktionsmustern oder situativen Strukturen führt. Diese aktuellen Szenen sind als Variationen der ursprünglichen situativen infantilen Gestalt zu verstehen. Das gilt für die supervidierte Situation, und das gilt für das szenische Geschehen in der Supervisionsgruppe oder evtl. auch mit einem einzelnen Supervisanden. Gruppenanalytische Supervision in diesem Sinn schaut auch mit einem Einzelnen in der gleichen Weise nach dem Prägnant-Werden der infantilen Ursprungssituation in der aktuellen Szenerie. Durch Komplettierung der Szene wird der Sprachzerstörung die „Rekonstruktion" (Lorenzer 1973a) entgegengesetzt. Der Gestaltcharakter des analytischen Dritten wirkt hier als Lotse und Wegweiser, wobei gerade in einer Gruppe die ganz unterschiedlichen Blickwinkel bereichern und die ganze Vielfalt des analytischen Dritten deutlich werden lassen. Läßt die Sprachzerstörung das analytische Dritte diffus werden oder zerfallen, führt die Rekonstruktion zur „Wiederherstellung der originalen Gestalt"

(Lorenzer 1973a, 170) mit ihrem vollen psychischen Spektrum, was für die aktuelle Situation eine große Bereicherung mit sich bringt.

An anderer Stelle will ich mich mehr der praktischen Anwendung widmen, während es mir hier um die theoretischen Grundlagen gruppen-analytischer Supervision ging. Die nachfolgend aufgeführten Arbeiten von Gfäller (1986), Pühl (1996) sowie Pühl & Schmidbauer (1986) liefern hierzu wertvolle Informationen.

Literatur

Argelander, H. (1970). *Das Erstinterview in der Psychotherapie.* Darmstadt: Wiss.Buchgesellsch.

Beck, W. (1990). ‚Equivalence' in Groups. *Group Analysis,23,* Nr.3, 285-289.

Bion, W.R. (1990). *Erfahrungen in Gruppen.* Frankfurt: Fischer TB

Erikson, E.H. (1965). *Kindheit und Gesellschaft.* Stuttgart: Klett

Foulkes, S.H. (1970). Dynamische Prozesse in der gruppenanalytischen Situation. *Gru.Ther.Gru.Dyn, 4,* 70-81.

Foulkes, S.H. (1971). Access to unconscious Processes in the Group-Analytic Group. *Group Analysis, 4,* Nr.1, 4-14.

Foulkes, S.H. (1974). *Gruppenanalytische Psychotherapie.* München: Kindler.

Gfäller, G.R. (1986). Team-Supervision nach dem Modell von S.H. Foulkes in: Pühl, H. & Schmidbauer, W., *Supervision und Psychoanalyse,* 69-110, München: Kösel.

Goldstein, K. (1925). Das Symptom, seine Entstehung und Bedeutung für unsere Auffassung vom Bau und von der Funktion des Nervensystems. *Archiv für Psychiatrie, 76,* 84-108.

Goldstein, K. (1948). *The Organism: A Wholistic Approach to Biology.* New York: American Book Corp.

Heimann, P. (1950). On countertransference. *Int.J.Psycho-Anal. 31,* 81-84.

Heimann, P. (1960). Countertransference. *Brit.J.Med.Psychol., 33,* 9-15.

Jacobs, T. (1986). On countertransference enactments. *Amer. Psychoanal. Ass., 34,* 289-307.

Jay, M. (1973). *The Dialectic Imagination: A History of the Frankfurt School and the Institute of Social Research 1923-1950.* Boston-Toronto: Little, Brown & Co.

Johan, M. (1992). Enactments in Psychoanalysis – Panel-Report, *J.Amer. Psychoanal. Ass., 40,* 827-844.

Klee, P. (1960). *Gedichte.* Zürich-Hamburg: Arche-Verlag.

Klüwer, R. (1983). Agieren und Mitagieren. In S.O.Hoffmann (ed) *Deutung und Technik in der Psychoanalyse,* 132-45. Frankfurt/M.: Fischer.

Klüwer, R. (1995). Agieren und Mitagieren – zehn Jahre später. *Zeitschr.f. psychoanal.Theorie und Praxis* X(1), 45-70.

Lorenzer, A. (1971). Symbol, Interaktion und Praxis. In: *Psychoanalyse als Sozialwissenschaft.,* 9-59. Frankfurt: Suhrkamp.

Lorenzer, A. (1973a). *Sprachzerstörung und Rekonstruktion.* Frankfurt: Suhrkamp.

Lorenzer, A. (1973b). *Über den Gegenstand der Psychoanalyse – oder: Sprache und Interaktion.* Frankfurt: Suhrkamp

Lorenzer, A. (1986). Tiefenhermeneutische Kulturanalyse. In A.Lorenzer (Hg.) *Kultur -Analysen,* 11-98. Frankfurt: Fischer.

Lorenzer, A. (1988). Sozialisationstheorie und die Frage nach dem Unbewußten. In J. Belgrad et al. (Hg.) *Sprache – Szene – Unbewußtes,* 7-14. Frankfurt/M.: Nexus

Ogden, Thomas H. (1988). Die projektive Identifikation. *Forum Psychoanal., 4,* 1-21.

Ogden, Thomas H. (1994). *Subjects of Analysis London.* Karnac Books.

Pühl, H. (Hg.) (1996). *Supervision in Institutionen.* Frankfurt/M.:Fischer.

Pühl, H. & Schmidbauer, W. (Hg.) (1986). *Supervision und Psychoanalyse,* München: Kösel.

Psychoanalytisch-systemische Teamsupervision im psychiatrisch-psychosomatischen Bereich zwecks Förderung der Teamentwicklung*

Peter Fürstenau

I. Unklarheiten über Teamsupervision

Obgleich oder vielleicht gerade weil sich in den letzten Jahren Teamsupervision in psychiatrischen und psychosomatischen Kliniken sehr verbreitet hat, ist häufig sehr unklar, was darunter verstanden wird. Dasselbe gilt für die Auffassung der Supervisoren. Auch über die professionellen Voraussetzungen für die Rolle des Supervisors gibt es keinen Konsens. Am verbreitetsten scheint noch immer ein mehr oder minder aus der psychoanalytisch orientierten Einzel- und Gruppentherapie abgeleitetes Modell, demgemäß sich der Supervisor mit dem affektiven Geschehen innerhalb des Teams und des Teams mit ihm beschäftigt und die Teamsupervision als ein höchstpersönliches, deshalb gegenüber Vorgesetzten abzuschirmendes diskretes Unternehmen der unmittelbar mit den Patienten umgehenden Mitarbeiter verstanden wird.

II. Psychoanalytisch-systemische Teamsupervison

Dem gegenüber wird hier ein Konzept vertreten, das auf folgenden Grundannahmen beruht: Bei der Teamsupervision in psychiatrischen oder psychosomatischen Kliniken handelt es sich um eine Beratungsbeziehung, die eine Arbeitsgruppe innerhalb einer Arbeitsinstitution nachsucht. Die Arbeitsgruppe wünscht externe Beratung zwecks besserer Erfüllung ihrer Aufgaben, weil sie mit den eigenen Mitteln innerhalb der Institution Teamkonflikte und Probleme, auf die sie gestoßen ist, nicht befriedigend lösen kann. Wie jede Dienstleistungsinstitution hat die Psychiatrische Klinik insgesamt und in ihren einzelnen Gliederungen (Abteilungen, Stationen) zwei

---

* erstmals erschienen in P. Fürstenau: Entwicklungsförderung durch Therapie. Pfeiffer, München. 1992

Ziele, aus denen Aufgaben für alle Mitarbeiter auf allen Ebenen resultieren: die fachliche Dienstleistung (hier psychiatrische bzw. psychosomatische Versorgung) möglichst gut gemeinsam zu erbringen (Dienstleistungsauftrag) und die Arbeit in der Institution für die Mitarbeiter möglichst zufriedenstellend zu gestalten (Fürsorgepflicht des Arbeitgebers).

Dieser doppelten Zielsetzung ist auch der Supervisor vor allen besonderen Absprachen und Vereinbarungen verpflichtet. Seine Aufgabe ist, die Fortentwicklung der betreffenden klinischen Arbeitseinheit in diesen beiden Richtungen zu fördern. Daraus ergeben sich die Qualifikationsanforderungen an den Supervisor: Er sollte einen reflektierten Bezug zu der psychiatrischen bzw. psychosomatischen therapeutischen und pflegerischen Dienstleistung haben, mit der Eigenart von Arbeitsinstitutionen, insbesondere psychiatrischen/psychosomatischen Kliniken als Institutionen vertraut und auf den Umgang mit Einzelnen und Gruppen in bezug auf ihre Arbeitsauffassung und ihr Arbeitsverhalten eingestellt sein. Das Qualifikationsprofil teilt der psychoanalytisch-systemische Supervisor weitgehend mit den Führungskräften innerhalb dieses Bereichs. Als letzter Kompetenzaspekt ist daher noch hinzuzufügen, daß er sich über den Unterschied von Beraten und Führen (Leiten) im klaren sein sollte.

Damit ist eine sozialwissenschaftliche (systemische bzw. organisationssoziologische) und eine Persönlichkeits- und sozialpsychologische (beratungspsychologische, gruppendynamische, psychoanalytische) Kompetenz gefordert. Eine psychoanalytische Orientierung erfüllt diese letztgenannte Voraussetzung nur, wenn sie auf Aufgabenbewältigung, d.h. ichpsychologisch ausgerichtet ist und Affekte nicht isoliert für sich, sondern als Kognitionen (Wahrnehmungen, Erwartungen, Informationsverarbeitungsprozesse, Denken und Sprechen) begleitende Phänomene versteht, die Kognitionen und Kommunikationen jeweils in charakteristischer Weise nuancieren.

Wie jede Arbeitsinstitution ist auch die psychiatrische/psychosomatische Klinik ein soziales Gebilde, das eine Mannigfaltigkeit von Menschen in verschiedenen Rollen zu gemeinsamer Arbeit durch Regelungen und Absprachen organisiert und integriert. Diese Regelungen schaffen nicht nur den Rahmen für die gemeinsame Tätigkeit, indem sie eine Abgrenzung gegenüber der Umgebung konstituieren, sondern sie regeln über ein gestuftes System umfassenderer und engerer Rollenvorschriften und Absprachen das gesamte Tun und Lassen aller Rollenträger innerhalb der Institution. Dem widerspricht nicht, daß alle diese Regelungen von allen Rollenträgern jederzeit interpretiert, ausgelegt werden müssen, um wirksam zu werden. Jeder Rollenträger und jede Arbeits- bzw. Berufsgruppe innerhalb der Klinik ist damit in einer ständigen mehr oder minder klaren Auseinandersetzung mit den „geltenden" Regelungen, die seine bzw. ihre Arbeit und seine bzw. ihre Kooperation mit den übrigen Mitarbeitern in einen sinnvollen Zusammenhang bringen. Diese Rollenauffassung der einzelnen wie der Arbeitsgruppen beeinflußt zu einem gewissen Grad deren Rollenverhalten.

Gegenstand der Teamsupervision ist das Spannungsfeld zwischen (geltenden) Regelungen = Rollenvorschriften und Absprachen, Rollenauffassungen = Regelungsinterpretationen und Rollenverhalten der Arbeitsgruppen bzw. der einzelnen im Kontext ihrer Arbeitsgruppe. Die Regelungen sind unterschiedlich hinsichtlich Dauer und Festigkeit angelegt und von daher auch schwerer oder leichter zu ändern. Je konkreter Regelungen den Ablauf des Alltags betreffen, desto eher liegt die Änderungskompetenz auf unteren Ebenen. Je weitreichender und dauerhafter die Regelungen sind, desto eher liegt die Kompetenz, sie zu ändern, auf höheren Ebenen. Zum Spannungsfeld der Teamsupervision gehört damit auch die Klärung der Frage, ob bestimmte Regelungen noch in die Änderungskompetenz des Teams fallen oder ob darüber ggf. mit höheren Instanzen verhandelt werden muß.

Damit ist bereits die hierarchische Gliederung psychiatrischer/ psychosomatischer Kliniken angesprochen. Mindestens lassen sich in der Regel unterscheiden: eine Träger- (oder Eigentümer-)Ebene, eine Leitungsebene für die gesamte Einrichtung (Chefarzt, Pflegedienstleitung, Verwaltungsleiter), eine Leitungsebene für die betreffende Abteilung oder Station (Oberarzt und Abteilungspflegeleitung) und die Ebene der Mitarbeiter, die direkt mit den Patienten umgehen.

Versteht man unter „Team" eine Arbeitsgruppe, der die laufenden Behandlungen und Betreuungen der präsenten Patientengruppe gemeinsam obliegt, dann gehört der die Behandlung kontinuierlich mitsteuernde Oberarzt mit zum Team. Da er für Konzeption und Organisation (Regelungen) ebenso wie für die Einzelbetreuungen primär, wenn auch nicht ausschließlich, verantwortlich ist und da Teamprobleme, wie sich zeigen wird, gewöhnlich Regelungsfragen aufwerfen, gehört er folgerichtig (im Gegensatz zu verbreiteter Praxis) auch zur Teamsupervisionsklientel. Wie weit Spezialtherapeuten wie kreative Therapeuten, Körpertherapeuten, Werktherapeuten mit zum Team zu rechnen sind, ergibt sich daraus, ob sie einem oder wenigen Teams ausdrücklich zugeordnet oder für die Klinik im ganzen zuständig sind.

Da Teamsupervision eine von der Klinik zur Verbesserung der Versorgung der Patienten und zur Verbesserung der Kooperation und Arbeitszufriedenheit der Mitarbeiter eingerichtete arbeitsbezogene Veranstaltung ist, ist die Teilnahme an der Teamsupervision nach der hier vertretenen arbeitsbezogenen Auffassung eine Dienstpflicht aller Teammitglieder. Die Teilnahme an der Teamsupervision ist für diesen Personenkreis also verbindlich. Das impliziert auf der Seite des Supervisors die Verpflichtung, die Supervision so zu gestalten, daß sie jedem Mitarbeiter als Teil seiner Arbeit zugemutet werden kann. Der Supervisor hat in seinem Rahmen alle Supervisionsklienten genau so vor unzumutbaren Situationen zu schützen, wie dies zur Fürsorgepflicht des Arbeitgebers in seinem Verantwortungsbereich gehört. Daraus ergibt sich für die Teamsupervision ein ausdrücklicher Schutz der privaten Persönlichkeitssphäre der Teammitglieder. Gegenstand der Supervision sind ausschließlich das persönliche Arbeitsverhalten und die mit ihm unmittelbar zusammenhängenden Persönlichkeitsaspekte. Da die Ausübung therapeutischer, pflegerischer, betreuender Arbeit eine höchstpersönliche ist, kommen persönliche Aspekte durchaus zentral in das Blickfeld der Supervision, aber eben nur in der Weise, wie sie die Arbeit und Kooperation des Betreffenden bestimmen und färben. Aufgabe des Supervisors ist es, sich und die Gruppe auf diesen Fokus klar einzustellen und ihn auch in heiklen Situationen zu wahren.

III. Die Einigung über den Beratungsauftrag zwischen Leitung, Team und Supervisor als erste verändernde Intervention

Der psychoanalytisch-systemische Supervisor ist vom ersten Kontakt mit der betreffenden Institution an verändernd tätig. Das Aushandeln der die Supervision betreffenden Beratungsvereinbarung ist eine erste den weiteren Prozeß entscheidend determinierende Intervention. Indem der Supervisor im Zuge der Vertragsverhandlungen bestimmte Fragen über die Institution und den Auftrag aufwirft und bestimmte Deklarationen über seine Auffassung von der Supervision abgibt, setzt er Supervision als professionell gesteuerte Veränderungsbegleitung in der betreffenden Abteilung in Gang. Entscheidend ist dabei, Regeln des Umgangs zwischen der Institution und dem Supervisor gemeinsam festzulegen, die die oben skizzierte Fortentwicklung des betreffenden Teams in Richtung einer fachlich möglichst guten

Arbeit und Kooperation bezüglich der therapeutischen und pflegerischen Betreuung der jeweiligen Patientengruppe und einer möglichst befriedigenden Gestaltung der Arbeitsbedingungen für das Personal begünstigen und fördern. Sonst ist ein ungünstiger, d.h. ineffektiver Verlauf der Supervision programmiert. Eine wichtige Voraussetzung auf Seiten des Supervisors ist die wirtschaftliche und sonstige Unabhängigkeit von der betreffenden Einrichtung, d.h. die Freiheit, auf einen bestimmten Supervisionsauftrag auch verzichten zu können, wenn eine sinnvolle Zusammenarbeit ermöglichende Vereinbarung nicht zustande kommt.

Die Auftragsverhandlungen zwischen der Leitung des Hauses bzw. des Bereichs, dem betreffenden Team (einschließlich des Oberarztes) und dem Supervisor müssen daher so geführt werden, daß der betreffenden Klinik die Aufgaben- und Zielorientiertheit des Supervisors im Sinne der oben dargelegten Fokussierung deutlich wird und die Klinik veranlaßt wird, sich ihrerseits auf die Supervision im Sinne eines gemeinsamen Arbeitsprojektes zur Förderung zentraler Arbeitsinteressen einzustellen. Dies beinhaltet auf seiten des Teams z.B. den Entschluß, sich für einen gemeinsamen Problemlösungsprozeß, eben das Arbeitsprojekt „Teamentwicklung", zusammen mit dem Supervisor zu engagieren. (Hierfür könnte z.B. neben für alle akzeptablen örtlich-zeitlichen Rahmenbedingungen die Regel förderlich sein, die Supervisionssitzungen einige Tage vorher im Team thematisch vorzubereiten, d.h. die Einigung über das Thema nicht dem spontanen Aufstieg zu Beginn der Sitzung zu überlassen wie in einer psychoanalytischen Therapiestunde.)

Indem in diesem Aushandlungsprozeß zwischen Leitern, Team und Supervisor angemessene Rahmen- und Verfahrensbedingungen und Absprachen über nächste Ziele für die Supervision erörtert und beschlossen werden, werden Regeln für begrenzte Zeit institutionalisiert, die auf beide Parteien innerhalb des Supervisionsprozesses strukturierende, steuernde Auswirkungen haben. Auf der Seite der Klienten des Supervisors wird dadurch die Erfahrung gestärkt, daß angemessene Regelungen eine erfolgreiche und befriedigende gemeinsame Arbeit erleichtern und fördern. Dem Einigungsprozeß über die Supervision kommt in diesem Sinne Modellfunktion zu. Der Supervisionsvertrag sollte zeitlich begrenzt sein, um Gelegenheit zur Auswertung der gemeinsamen Arbeit in Abständen und zu erneuter Definition von Schwerpunktbereichen oder anzupackenden Aufgaben als Nahzielen zu geben bzw. Rahmenveränderungen vorzunehmen.

Der Kontakt des Supervisors mit der Leitung der Klinik (ärztliche, pflegerische, ggf. auch administrative) dient nicht nur der letztendlichen verbindlichen Formulierung der beiderseitigen Arbeitsbedingungen und Verpflichtungen, sondern auch der Absprache über die grundsätzliche Ausrichtung der Supervision aufgrund der expliziten Deklarationen des Supervisors und der Informationen seitens der Leitung an den Supervisor über die therapeutische und pflegerische Konzeption und die Kooperationsregularien im Hause. Der Kontakt mit der Leitung gibt dem Supervisor Gelegenheit, auch auf der Leitungsebene die Besonderheit (Individualität) der betreffenden Klinik zu erfahren, um sich darauf einzustellen. In diesem Sinne ist mit der Leitung nicht nur eine formale Vertragsverständigung herzustellen, sondern auch ein inhaltlicher Konsens über Sinn, Ziel und Ausrichtung einer Teamsupervision an diesem Ort zu dieser Zeit mit diesen Menschen.

IV. Zur Methodik der psychoanalytisch-systemischen Teamsupervison

Die Aufgabe des Supervisors im Prozeß der Teamsupervision besteht darin, das Team auf dem Wege seiner Weiterentwicklung bezüglich Arbeits- und Kooperationskompetenz in dem Sinne fördernd zu begleiten, wie es der Eigenart dieses Teams in dieser Klinik jetzt gemäß ist (Respektierung der Eigenart des Klientensystems). In den Prozeß bringt der Supervisor seinerseits neben seinem fachlichen Bezug zur Psychiatrie bzw. Psychosomatik seine psychoanalytisch-sozialpsychologische und seine systemische (institutionsbezogene) Kompetenz in persönlicher Weise möglichst situationsangemessen ein.

a) Wahrnehmung und Wahrnehmungsverarbeitung seitens des Supervisors

Im Prozeß der Supervision vertieft sich schrittweise durch die vom Team von sich aus gegebenen und die vom Supervisor erfragten Informationen das Bild von der Eigenart und der Arbeitsauffassung des Teams. Auf dem Hintergrund dieses Verständnisses ist die Wahrnehmung des Supervisors primär auf alle wenn auch noch so diskreten und subtilen positiven Ansätze von Problemlösung und aufgabengerechter Weiterentwicklung gerichtet, die im Supervisionsprozeß auszumachen sind. Dabei kann es sich um gegenwärtige oder frühere Regelungen, Vorschläge zu Verfahrensänderungen oder um Erwartungen, Hoffnungen, Phantasien handeln. Eine besondere Rolle spielen Ausnahmen, gelegentliche oder regelmäßig auftretende positive Abweichungen von einem beklagten Ereignis, Problem oder Teamkonflikt (vgl. zu all dem Shazer de 1985, 1988).

Bezüglich der vom Team geäußerten und gezeigten Probleme und negativ bewerteten Vorkommnisse sowie der gegenüber dem Supervisor gezeigten und geäußerten negativen Reaktionen oder Einstellungen besteht die Aufgabe für den Supervisor darin, sie durchgängig (ggf. auch gegen eigenen Widerstand) positiv zu konnotieren, d.h. ihnen eine positive Bedeutung in bezug auf Arbeit und Kooperation in diesem Team dessen Eigenart zuzuschreiben. Damit erfaßt der Supervisor die „hinter" den vermeintlich nur negativen Phänomenen liegende – häufig dem Team unbewußte – positive Motivation. Hierfür ist eine auf klinischer psychoanalytischer Erfahrung beruhende gute Menschenkenntnis dienlich und förderlich.

Erst durch diese Handlungsanweisung eröffnet sich für den Supervisor das, was man als Verständnis für das Klientensystem gerade auch anläßlich negativ erscheinender Phänomene bezeichnen kann. In diesem Sinne ist die positive Konnotation anstößiger Reaktionen und Einstellungen eine Voraussetzung für guten Kontakt zwischen Supervisor und Team. Dem traditionellen psychoanalytischen Brauch, der Mängel als Mängel identifiziere, ist diese Verfahrensweise entgegengesetzt. Für viele psychoanalytisch vorgebildete Supervisoren bedarf es daher eines gewissen Trainings, diese Maxime konsequent im Wahrnehmungsprozeß zu befolgen. Für ichpsychologisch informierte psychoanalytische Supervisoren ist die Handlungsanweisung nicht schwer umzusetzen, da sie nichts anderes fordert als den Rückbezug defizitärer Phänomene auf die gesunden Ichanteile des jeweiligen Klientensystems (vgl. hierzu Weiss, Sampson et al. 1986). Mit der positiven Konnotation schaffe sich der Supervisor die Voraussetzung dafür, Klagen, Probleme und anstößige Verhaltensweisen einschließlich derer ihm selbst gegenüber in ansprechbare, eingegrenzte, lösbare Probleme = Aufgaben zu verwandeln – eine wesentliche Voraussetzung für erfolgversprechende Intervention.

Diese Verwandlung von Klagen, Konflikten und anstößigen Verhaltensweisen in lösbare begrenzte Aufgaben ist allerdings an eine weitere wahrnehmungsverarbeitende Operation seitens des Supervisors gebunden: „negative" affektive Reaktionen von einzelnen Teammitgliedern, Teilgruppen des Teams oder dem gestörten Team einschließlich derer dem Supervisor selbst gegenüber als Hinweise auf Unklarheiten und Differenzen im Umgang mit den jeweils tangierten Regelungen oder als Hinweise auf Mängel oder Lücken dieser Regelungen selbst zu verstehen. Diese Handlungsanweisung lenke die Wahrnehmung und Wahrnehmungsverarbeitung des Supervisors auf den Bezug zwischen den affektiven Reaktionen des Personals, der Auffassung des Personals von den geltenden Regelungen und diesen Regelungen selbst: d.h. auf den strukturellen (Ordnungs-)Zusammenhang innerhalb der Institution. Erst mit dieser strukturellen Informationsverarbeitung wird der Supervisor instand gesetzt, Klagen, Vorkommnisse, Konflikte, anstößige Verhaltensweisen kognitiv für sich so aufzubereiten, daß er gegenüber dem Team jeweils von eingegrenzten, lösbaren Aufgaben sprechen und gezielt und mit Erfolgsaussicht intervenieren kann. Das setzt allerdings voraus, daß er sich der Suggestion dieser häufig starken affektiven Ereignisse und Appelle entziehen kann, was nicht immer leicht ist, aber zu seiner professionellen Verpflichtung gehört. Denn nur auf dem Hintergrund dieser Distanz kann er wirklich hilfreich intervenieren (Gegenübertragungsdistanz und -auswertung).

Im psychiatrisch/psychosomatischen Bereich sollte der psychoanalytisch-systemische Teamsupervisor darüber hinaus darauf eingestellte sein, bei Teamkonflikten oder der Stigmatisierung einzelner Teammitglieder oder bei Konflikten mit ihm selbst insbesondere zu prüfen, ob nicht Teamkonflikte entgegen dem Anschein und dem Erleben des Teams mit der unmittelbaren Patientenarbeit zu tun haben. Häufig handelt es sich auch hier wiederum um Auswirkungen unklarer oder unzureichender Regelungen, mangelhafter Absprachen oder mißverständlicher Informationen hinsichtlich der patientenbezogenen Aktivitäten einzelner Teammitglieder oder Berufsgruppen.

Hierbei sind alltägliche Informationsaustauschnachlässigkeiten und Reibungskonflikte von beratungsbedürftigen strukturellen Problemen zu unterscheiden, die mit Mängeln und Unklarheiten der therapeutisch-pflegerischen Konzeption zusammenhängen. Unklar ist häufig nicht nur die fachliche Kooperation von therapeutischem und pflegerischem Personal; auch innerhalb des therapeutischen Personals im engeren Sinne sind die Aufgaben oft nicht wechselseitig geklärt und auf ihre Kooperationsfolgen hin durchdacht. Manchmal übersehen einzelne Berufsgruppen (z.B. die psychoanalytischen Therapeuten oder die „Organmediziner"), daß in einer Klinik das gesamte Stationspersonal die gesamte Patientengruppe gemeinsam versorgt. Häufig wird in den Teamsupervisionen seitens der Teams und der Supervisoren gemeinsam verleugnet, daß die stationäre Behandlung psychiatrischer oder psychosomatischer Patienten bis heute keine selbstverständliche geklärte Angelegenheit ist, sondern ein Feld, auf dem um Modelle, Konzepte, Methoden und Standards überall gerungen wird oder gerungen werden sollte (vgl. Janssen 1985, 1987).

Natürlich verweisen affektive Auseinandersetzungen und Konflikte nicht immer auf Probleme im Zusammenhang mit der Patientenversorgung, sondern in vielen Fällen auf Mängel der Absprachen und Regelungen, die die Kommunikation und Kooperation der verschiedenen Personen bzw. Berufsgruppen untereinander und mit den anderen Bereichen im Hause betreffen, d.h. z.B. auf Mängel des Konferenzsystems, der Organisation von Urlaub und Vertretung, des Verfahrens der Einweisung neuer Mitarbeiter, der Kommunikation mit der Leitungsebene, der Verwaltung oder anderen Klinikbereichen.

Um affektive Phänomene in Hinweise auf Mängel im Umgang mit Regelungen oder auf Mängel der Konzeptionen und Regelungen selbst verwandeln zu können, muß der Supervisor strukturell sozialwissenschaftlich denken können. Hier ist neben der fachlichen psychiatrisch/psychosomatischen systemische (institutionswissenschaftliche) Kompetenz erforderlich. Der Supervisor braucht einen Blick dafür, welchen Stellenwert Absprachen, Regelungen, Ordnungen, Konzeptionen für die Koordination von Menschen zur Erfüllung gemeinsamer Ziele haben und wie sowohl die Eigenart dieser Regelungen als auch der Umgang mit ihnen die persönliche (seelische) Verfassung des betreffenden Personals tangiert und determiniert. Das gilt in besonderem Maße in diesem Arbeitsbereich, wo sich das Personal nahen affektiven Einwirkungen seitens der Patienten nicht entziehen kann und soll. Neben der feldbezogenen und der psychoanalytisch-sozialpsychologischen Kompetenz des Supervisors ist hier also eine der Menschenkenntnis vergleichbare Kenntnis der Vielfalt möglicher institutioneller Ordnungen und Regelungen hinsichtlich deren Vor- und Nachteilen, Unterschieden, Konsequenzen, Interdependenzen und Auswirkungen auf das Personal gefragt.

Zum Abschluß dieses Abschnitts über Wahrnehmung und Wahrnehmungsverarbeitung sei auf ein Phänomen besonders eingegangen, das vielen Supervisoren (wie Therapeuten) immer wieder Schwierigkeiten bereitet: Gefühle von Ohnmacht und Hilflosigkeit in bestimmten Situationen mit der Klientengruppe. Innerhalb psychoanalytischer Kontexte wird dies Phänomen mit dem sogenannten Widerstand der Klienten in Verbindung gebracht. Diese Sicht geht davon aus, daß der Supervisor in der Beziehung zum Klientensystem etwas Bestimmtes erreichen will, dabei auf Widerstand stößt und sich dann ohnmächtig oder hilflos fühlt. In systemischer Sicht stellt sich diese Interaktion anders dar: Gefühle des Supervisors von Ohnmacht und Hilflosigkeit sind ein Zeichen dafür, daß der Supervisor (oder Therapeut) etwas will, was der Verfassung des Klientensystems gegenwärtig nicht entspricht. Statt in einen Machtkampf einzutreten oder sich ohnmächtig und hilflos zu fühlen, sollte der Supervisor aus diesem Gegenübertragungsgefühl schnell den Schluß ziehen, diesen seinen Willen zu kontrollieren und statt dessen den „Widerstand" des Klientensystem als anstößiges Verhalten positiv zu verstehen suchen in dem Sinne, daß sich das Klientensystem aus sicherlich guten Gründen so verhält. Dies erlaubt ihm, sich aus der Gegenübertragungsverwicklung zu befreien und seine Aufmerksamkeit von der Defizienz weg auf Ansatzpunkte positiver Weiterentwicklung des Klientensystems zu richten, in dem er z.B. zunächst wahrnehmungsmäßig (dann auch interventionsmäßig) den Ausnahmen des anstößigen Verhaltens nachspürt oder anderen Ansatzpunkten weiterführenden Denkens und Verhaltens der Klienten. Bei anhaltenden Stagnationsgefühlen stellt sich die Frage, ob sich der Supervisionsprozeß nicht erschöpft hat, d. h. das Klientensystem aus welchen Gründen auch immer zu einer weiteren Entwicklung nicht bereit ist, und die Supervision zu beenden ist.

b) Interventionsverhalten des Supervisors

Das Interventionsverhalten des psychoanalytisch-systemisch arbeitenden Supervisors ist von dem Ziel bestimmt, die Ergebnisse seiner Wahrnehmungsverarbeitung so in den Prozeß einzubringen, wie es ihm zur Förderung der fachlichen Kompetenz und der Kooperationskompetenz des Teams jeweils angemessen scheint. Ein wichtiges umfassendes Ziel der Intervention ist die Förderung der Selbstachtung und des Vertrauens des Teams in seine Kompetenzen und Möglichkeiten (Ressourcen) und deren Weiterentwicklung bzw. Aktivierung (im Gegensatz zu depressiv-resignativen, selbstentwertenden, pessimistischen oder destruktiven Tendenzen im Team). Dem entsprechend sollte der Supervisor trotz aller vom Team geschilderten Misere dem Team durch seine Interventionen dazu verhelfen, den Blick auf Kompetenzen, Ressourcen und Lösungsmöglichkeiten zu lenken, sich ihrer zunehmend bewußt zu werden, sie zu entwickeln und auszuschöpfen.

In diesem Rahmen kommt der direkten Förderung solch positiver Lösungen bzw. Lösungsansätze eine besondere Bedeutung zu. Dabei handelt es sich um Interventionen, die solch neue Ansätze vorbereiten, anregen, akzeptieren, fokussieren, verstärken, fördern und sichern. Es kann jedoch unter Umständen auch angebracht sein, Lösungsvorschläge oder die eigene Stellungnahme zu einem bestimmten Problem in den Prozeß selbst einzuführen und damit zur Diskussion zu stellen, um das Team zu einer ihm gemäßen Lösung des betreffenden Problems (nicht also in jedem Fall etwa zur Übernahme der vorgeschlagenen Lösung) anzuregen. Diese ausdrückliche direkte Förderung (Verstärkung) neuer Ansätze und angemessener Lösungen kennt die traditionelle mehr oder minder von einer bestimmten Auffassung psychoanalytischer Therapie bestimmte Supervision, die eher den Mangel affektiv verwaltet als behebt, nicht. Voraussetzung für diese ausdrückliche und direkte interventionsmäßige Förderung angemessener Lösungen ist natürlich, daß der Supervisor aufgrund seiner oben bereits erwähnten Erfahrung mit Regelungen und deren Auswirkung auf das Personal die Bedeutung solcher Lösungsansätze einschließlich ihrer Konsequenzen für die Teamentwicklung klar erkennt.

Gegenüber den geklagten oder gezeigten Beschwerden, Spannungen, Konflikten, Problemen und anstößigen Verhaltensweisen (einschließlich derer ihm gegenüber) sollte der Supervisor zunächst stets interventionsmäßig eine akzeptierende, verstehende Haltung einnehmen, eigene affektive Reaktionen kontrollieren und auf vorwurfsvolle Interventionen ebenso verzichten wie auf solche, die auf eine schnelle Veränderung abzielen. Statt dessen sollte er auch das anstößige Denken oder Verhalten positiv konnotieren in dem oben dargelegten Sinne – etwa als Ausdruck guter Motive und Intentionen oder als die bestmögliche Lösung, die das Team bis jetzt im Umgang mit dem betreffenden Problem gefunden hat. Dadurch wird sowohl die Selbstachtung des Teams gestärkt als auch die Möglichkeit für das Team eröffnet, von der betreffenden Denk- oder Verhaltensweise Abstand zu nehmen, d.h. bereit zu werden zu einer Neudiskussion und damit Veränderung der bisherigen Auffassung oder Verhaltensweise.

Auf diesem Hintergrund sollte sich der Supervisor beharrlich interventionsmäßig dafür einsetzen, die Situationen zu klären, in denen das aufgeworfene Problem oder die betreffende Schwierigkeit nicht oder nicht in demselben Maße auftritt. Den Umständen dieser Ausnahmen sollte er beharrlich nachgehen, weil sie die Ansatzpunkte für die Lösung des betreffenden Problems enthalten. Ähnlich ergeben sich weiterführende Impulse aus der Herausarbeitung guter Motive und Intentionen, die hinter den als negativ erlebten Ereignissen und Vorkommnissen erkennbar sind, durch die Frage, wie diese guten Intentionen aufgrund des neuen Diskussionsstandes effizienter in neue Regelungen und Absprachen umgesetzt werden könnten.

Zur Realisierung dieser unterschiedlichen Interventionsaktivitäten bedarf der Supervisor einer breiten Palette von Interventionsweisen (im Gegensatz zum schmalen Repertoire traditioneller psychoanalytischer Interventionen). Mindestens lassen sich je nach den unterschiedlichen Zielen der einzelnen Interventionen folgende sechs Interventionsmodi unterscheiden:
1. Akzeptieren, Bestätigen
2. Verstärken, Bekräftigen, Ermuntern
3. Beschreiben, Fokussieren, Konfrontierend Hervorheben, Akzentuieren, Modellieren
4. In-einen-anderen-Rahmen-(Zusammenhang-)Stellen, Umdeuten, Interpretieren
5. Eine-Werthaltung-(Position-)Deklarieren
6. Aufgaben-Stellen; Veranlassen, etwas Bestimmtes zu tun; Fragen

Die Darstellung des Interventionsverhaltens sollte deutlich machen, daß nach dem hier vertretenen Teamsupervisionskonzept der Supervisor eine flexible aktive Rolle innerhalb des Supervisionsprozesses zu übernehmen hat, im Gegensatz zu Modellen einer eher meditativen Form der Ausübung seiner Funktion.

Literatur

Janssen, P. L. (1985). Auf dem Wege zu einer integrativen analytisch-psychotherapautischen Krankenhausbehandlung. Forum Psychoanal. 1, 293

Janssen, P. L. (1987). Psychoanalytische Therapie in der Klinik. Klett-Cotta, Stuttgart

Shazer, St. de (1985). Wege erfolgreicher Kurztherapie. Klett-Cotta, Stuttgart

Shazer, St. de (1988). Der Dreh. Überraschende Wendungen in der Kurzzeittherapie. Auer, Heidelberg 1990

Weiss, J., Sampson, H. et al. (1986), The psychoanalytic process. Guilford Press, New York, London

Teil II
Praxis der Supervision im Klinikkontext

Supervision in Institutionen

Hans Ferner

Einleitung

Wie für profit-orientierte Unternehmen schon immer selbstverständlich, fordern nun die zunehmende Konkurrenz und die allgemein knapperen Mittel im Sozial- und Gesundheitsbereich auch für sogenannte Non-Profit-Unternehmen wie Kliniken oder Beratungsstellen sowie deren Verwaltungen eine ständige Anpassung an den schwieriger werdenden Markt. Deshalb gewinnen Gesichtspunkte von Konkurrenz und Profit neues Gewicht. Verwaltungsleute müssen lernen wie Manager zu denken. Dies erzeugt bei ihnen sowie bei Ärztlichen Leitern und Mitarbeitern Unruhe und Spannung. Neue Ideen und Organisationsformen sind gefordert. Neue Aufgaben müssen gefunden werden, um die eigene Existenz zu sichern. Ja, es muß sogar um „Kunden" geworben werden, was lange undenkbar schien.

Organisationstrukturen müssen sich verändern, um diesen Herausforderungen gerecht zu werden. Supervision als Hilfe zur Veränderung und kreativen Anpassung ist hier eine Möglichkeit und deshalb häufige Forderung.

Problemebenen in Institutionen

Unter dem eben geschilderten äußeren Druck werden Probleme auf verschiedenen Ebenen deutlicher sichtbar.
Es ist zu unterscheiden zwischen:
 1. einer Strukturebene (zeitlich, räumlich und personell),
 2. einer Kommunikationsebene und
 3. der Ebene der Individuen, die die Organisation bilden.

Probleme können auf allen drei Ebenen auftreten und sich gegenseitig verstärken, besonders wenn der innere Druck in der Organisation durch zunehmende Veränderung der Außenbedingungen steigt. Lösungen der auftretenden Probleme sind nur möglich, wenn es gelingt, die Problembereiche voneinander abzugrenzen und den verschiedenen Ebenen zuzuordnen.

Ein Beispiel soll erläutern, zu welchen Schwierigkeiten die mangelnde Berücksichtigung verschiedener Problemebenen führen kann:

Vom Verwaltungsleiter einer größeren Klinik wird Supervision angefordert, weil bei der nötigen Neuorganisation dieser Klinik das gesamte Team der Pflegedienstleitung als Störenfried empfunden wird. Es wird von diesem Verwaltungsleiter als „desorganisiert" und daher arbeitsunfähig geschildert. Das beschuldigte Team besteht aus dem Leiter des Pflegedienstes und einigen Oberpflegern und Oberschwestern. Alle Mitglieder dieses Teams stimmen dem Vorschlag des Verwaltungsleiters zu, sich einer Supervision zu stellen. Obwohl die Maßnahme anfangs als eine „Strafaktion" verstanden wird, gelingt es dem Team, die Supervision für sich zu nutzen. Es werden einige team-interne Schwierigkeiten auf der Kommunikationsebene ausgeräumt und es wird sogar eine Lösung gefunden, wie die Organisation den Stärken und Schwächen ihrer Mitglieder angepaßt werden kann. Die Supervision endet mit einigen sehr detaillierten Vorschlägen zur Neuorganisation des Pflegedienstes, die der Verwaltungsleitung übermittelt werden. Alle sind stolz auf ihre Leistung. Die Enttäuschung folgt, als diese Vorschläge nicht beachtet werden, statt dessen aber wenig später von der Verwaltungsleitung ganz ähnliche Vorschläge unterbreitet werden, die diese als die Vorschläge eines renommierten und teuren Organisationsberatungsunternehmens anpreist. Die Mitarbeiter des Pflegeleitungsteams fühlen sich zu Recht entwertet und verfallen wieder in ihre vormalige Lethargie.

Zu einem solchen Desaster kann es kommen, wenn die Machtstruktur einer Institution ignoriert wird. In dieser Klinik war es dem Pflegeteam nicht erlaubt, selbstverantwortlich tätig zu werden, weil die Verwaltung es nicht gewohnt war, Vorschläge von unten anzunehmen und deshalb auch gute Anregungen durch eigene Anordnungen entwerten mußte.

Ein Supervisor muß sich deshalb schon zu Beginn eines Supervisionsauftrages ein Bild davon verschaffen, auf *welcher Ebene* ein Problem lokalisiert werden kann und wie die Probleme auf allen drei Ebenen ineinander greifen.

Auf der Basis dieses Bildes wird er Vorstellungen davon entwickeln, welche Hilfen zur Problemlösung erforderlich sind.

Aufgabenbereich der Supervision und Abgrenzung zu benachbarten Aufgabenbereichen

Supervision ist angesiedelt zwischen Organisationsentwicklung auf der einen Seite und Selbsterfahrung auf der anderen Seite. Sie ist keines von beiden, sondern hat zur Aufgabe, den Austausch von Meinungen und Gefühlen zu fördern, Spielräume zu schaffen, so daß Entwicklung sowohl auf struktureller Ebene wie auch auf individueller Ebene möglich wird.

a. Abgrenzung zur Organisationsentwicklung

Organisatorische Empfehlungen, die strukturelle Veränderungen zum Ziel haben, gehören eher in den Bereich der Organisationsentwicklung. Das heißt jedoch nicht, daß der Supervisor diesen Bereich außer acht lassen darf. Wie das obige Beispiel zeigt, hängt sein Erfolg auch davon ab, wie sehr er solchen strukturellen Gegebenheiten Rechnung trägt. Deshalb muß er natürlich über fundierte Kenntnisse im Bereich der Organisationsentwicklung verfügen, und er muß diese Kenntnisse einsetzen, um so vor Beginn der eigentlichen Supervision die Struktur der Organisation zu analysieren, in der die Supervision stattfinden soll.

Strukturanalyse

Strukturprobleme lassen sich selten durch Verbesserung von Kommunikation lösen. Diese Probleme können z.B. erzeugt werden durch ineffiziente Entscheidungswege in Form unklarer Hierarchien oder durch Führungsschwächen, die mit Hilfe scheindemokratischer Strukturen verschleiert werden, sowie durch Fehlbesetzungen wichtiger Positionen.

Diese Strukturprobleme führen zu Machtkämpfen *innerhalb* einer Ebene der Hierarchie oder *zwischen* den hierarchischen Ebenen, die alle Beteiligten lahmlegen und symmetrisch eskalieren können. Die Supervision kann mithelfen, Riten der „De-Eskalation" zu entwickeln und so zur Auflösung des Problems zu verhelfen. Die Vermittlungsversuche des Supervisors können eine solche Problemlage aber auch stabilisieren, indem jede Seite die Illusion behält, sie könnte mit seiner Hilfe doch noch siegen.

Die Möglichkeiten eines Supervisors, auf die Struktur einer Organisation Einfluß zu nehmen, sind jedoch begrenzt. Er kann leicht in die Rolle einer „Grauen Eminenz" geraten. Dies wäre seiner Rolle als unabhängiger Supervisor abträglich. Er hat eine schwierige Gratwanderung vor sich. Er muß eine Balance finden zwischen dem Verzicht auf Macht, und der konfrontierenden Warnung vor bestimmten Entwicklungen. D.h. er muß sich auf Beschreibungen beschränken und den Mitgliedern der Organisation die Entscheidungen zur Veränderung überlassen.

Diese sind häufig sehr begierig, dem Supervisor Aufgaben anzutragen, die ihnen selbst Schwierigkeiten bereiten. Mitarbeiter wünschen aktive Vertretung ihrer Interessen gegenüber der Leitung, Vorgesetzte wünschen sich den Supervisor eher als Disziplinierungsgehilfen. Manchmal wünschen sie sogar, daß der Supervisor in irgendeiner Form bei Personalentscheidungen behilflich ist. Es trägt wesentlich zum Gelingen der Supervision bei, daß der Supervisor seine Grenzen wahrt und nicht in die Dinge eingreift, die die Mitarbeiter selbst vertreten oder Aufgaben der Leitung bleiben müssen. Gerade ein Supervisor, der auf dem Gebiet der Organisationsentwicklung über gute Kenntnisse verfügt, könnte versucht sein, die Grenzen zwischen Supervision und Organisationsentwicklung zu verwischen, aber er muß sich immer klar darüber sein, daß er nicht beide Rollen gleichzeitig spielen kann.

Er kann nötigenfalls die Empfehlung geben, entsprechende Fachleute hinzuzuziehen.

b. Abgrenzung zur Selbsterfahrung.

Nicht nur die Struktur, in die alle eingebunden sind, kommt als Quelle von Problemen in Frage. Jeder, der sich mit Institutionen befaßt, weiß, daß immer wieder menschliche Schwächen und die Besetzungen bestimmter Positionen mit dafür ungeeigneten Mitarbeitern das Arbeitsklima und die Effektivität des gesamten Teams nachhaltig stören können. Supervision fördert die Offenheit der Meinungsäußerung. Damit wird auch die Konfrontation eines jeden Teammitgliedes mit seinen Schwächen verstärkt und das vor den Augen und Ohren aller Kollegen.

Auch wenn die Supervision ursprünglich als Fallbesprechung angelegt war, in der es um die Patienten gehen sollte, ist eine Auseinandersetzung mit den persönlichen Reaktionsmustern der Behandler impliziert. Schließlich geht es ja auch bei der Fallbesprechung um die Analyse von Übertragung und Gegenübertragung. Die ist nur dann möglich, wenn jeder in der Supervisionssitzung auch seine persönlichen Reaktionen preisgibt.

Damit hat jede Supervision einen gewissen Selbsterfahrungscharakter. Die Widerstände mancher Teams gegen Supervision gründen in den Ängsten vor diesem Aspekt der Fallsupervision.

Hier ist die Grenze besonders schwer zu ziehen. Einerseits darf der Supervisor die Konfrontation nicht scheuen, anderseits muß er die persönlichen Verletzbarkeiten so berücksichtigen, daß die Arbeitsfähigkeit der einzelnen Teilnehmer und des gesamten Teams nicht eingeschränkt, sondern im Gegenteil gefördert wird. Eine Art „liebevolle Konfrontation" ist hier nötig.

Darauf soll später im Rahmen eines Beispiels näher eingegangen werden.

Gefährdung des Supervisionsauftrages

Der Auftrag der Supervision einer Institution kann, wie oben schon angedeutet, viele Fallen bereithalten, in die der Supervisor geraten kann. Natürlich sind diese Fallen nicht bewußt aufgestellt, sondern ergeben sich aus den unterschiedlichen und zum Teil in sich widersprüchlichen Wünschen der Mitglieder einer Institution.

Entgehen kann der Supervisor diesen Fallen nur, wenn er der eigentlichen Supervision eine genaue Analyse der Wünsche und Motive sowohl des Auftraggebers wie auch der Mitarbeiter voranstellt. In seltenen Fällen sind beide identisch. Oft ist die Supervision verordnet und der Supervisor nicht von den Supervisanden ausgewählt. Das schafft dann zu Beginn ein besonderes Problem um das Vertrauensverhältnis. Die Mitarbeiter fragen zu recht: Was soll mit der Supervision eigentlich bezweckt werden?

Motivanalyse

Die Motivanalyse zielt auf die mit dieser Supervision verbundenen unausgesprochen Vorstellungen und Wünsche.

Das Verhalten von Teammitgliedern wird von offen geäußerten Überzeugungen und Annahmen gesteuert. Einen ebenso nachhaltigen Einfluß üben dem Bewußtsein nicht unmittelbar zugängliche Bilder und Grundüberzeugungen aus, die teilweise kulturell verankert sind. Häufig begegnen wir einem Gegensatz zwischen allgemein akzeptierten Werten und

Forderungen der Gesellschaft einerseits und den Lebensbedürfnissen der Mitarbeiter andererseits.

So gibt es in manchen Psychosomatischen Kliniken das Problem, daß die Therapeuten für sich selbst die überfordernden Normen des Klinikalltages nicht in Frage stellen, ihren Patienten aber beibringen, alles etwas lockerer zu nehmen, um zu gesunden.

Herauszuarbeiten sind ebenfalls die Widersprüche zwischen den offen ausgesprochenen Wünschen und den geheimen Hoffnungen jedes Teilnehmers.

Einfluß der Organisationshierarchie

Nehmen Mitglieder des Leitungsteams an der Supervision teil, wirft dies besonders die Frage der Macht und der Rollenkonfusion in der Supervisionssitzung auf. Zwar relativiert die Anwesenheit eines außerhalb der Hierarchie stehenden Supervisors die Hierarchie. Im Alltag besteht sie jedoch unverändert. Das könnte unbewußt oder offen als Mahnung wirken, sich mit Kritik nicht zu weit vorzuwagen.

Zudem haben in einer Klinik mehr noch als in anderen Einrichtungen der Chefarzt und die Oberärzte eine Supervisionsfunktion im Sinne von Aufsicht und Kontrolle, insbesondere wenn ihre Tätigkeit auch als Weiterbildung ihrer Assistenten verstanden wird. „Insubordination", die zur Weiterentwicklung einer Organisation nötig wäre, könnte sich bei dieser besonderen Form der Abhängigkeit zum Nachteile des Auszubildenden auswirken.

In jedem Fall kann die Supervision durch einen Außenstehenden bisher unterdrückte Kritik an den Tag bringen. Ob dies als Störung angesehen wird, die möglichst schnell aus der Welt geschafft werden muß oder ob sich damit die Hoffnung verbindet, die damit verbundene Unruhe sei ein notwendiger Schritt auf dem Wege zur Konfliktlösung und führe damit zu besserer Adaptation des Gesamtsystems an vorhandene Anforderungen, ist eine Frage, die über Erfolg oder Mißerfolg einer Supervision entscheiden kann.

Die Strukturen einer Organisation können sehr verhärtet erscheinen und es können sich schon zu Beginn sehr viele Doppelbotschaften abzeichnen. Diese beiden Phänomene treten oft gemeinsam auf.

Zusammenfassend seien hier noch einmal die Problembereiche dargestellt, auf die der Supervisor vor Beginn der eigentlichen Supervision seine Aufmerksamkeit richten sollte:

- Ungelöste Konflikte zwischen und innerhalb verschiedener hierarchischer Ebenen.
- Überforderung der Mitarbeiter durch von außen gesetzte Normen und wirtschaftliche Zwänge.
- Individuelle Probleme der Mitarbeiter und der Leiter, die sich z.B. als Arbeitsstörung oder Führungsschwäche äußern können.
- Manipulation und „Mobbing" als Ausdruck dieser individuellen Konflikte und verschleppten Probleme.
- Sündenbocksuche. u.a.m.

Natürlich wird er auf viele dieser Probleme erst im Laufe der Supervision stoßen. Sie werden nach und nach durchaus Thema von Supervisionssitzungen sein. Trotzdem ist es nützlich, sich schon bei der Übernahme des Supervisionsauftrages soviel Information wie möglich zu beschaffen. Aus diesen Informationen lassen sich Voraussagen ableiten, ob eine Supervision, wie sie die Auftraggeber im Sinn haben, überhaupt zu einem wünschenswerten Ergebnis führen kann oder ob Modifikationen des Auftrages vor der Übernahme ausgehandelt werden müssen.

Ziele der Supervision

Was kann nun als das spezifische Feld der Supervision angesehen werden?

Eine Definition könnte folgendermaßen formuliert sein: Den Mitgliedern einer Organisation soll geholfen werden, sich selbst und ihrer Organisation gegenüber eine kritische Distanz einzunehmen. Eine Art Spaltung: gleichzeitig Handelnder und Beobachter des eigenen Handelns zu sein. Dies soll ihm Verhaltensalternativen und Wahlmöglichkeiten eröffnen und festgefahrene Muster auflösen. (Eine ähnliche Art von „Spaltung" wird von jedem Patienten in der Psychotherapie erwartet.) Diese Forderung nach „Spaltung" ist leichter aufgestellt als ausgeführt, denn viele Hindernisse stehen einer solchen Reflexion im Wege. Diese Hindernisse aufzuspüren und zu beseitigen ist das wesentliche Ziel von Supervision.

Damit lassen sich die Ziele der Supervision in einer Organisation näher umreißen:
- Verbesserung der Kommunikationsmuster im Team
- Herausarbeiten verdeckter Interessenkonflikte
- Aufdeckung und Verbesserung destruktiver Interaktions- und Organisationsmuster
- Reflexion der geltenden Regeln und Normen.

Forderung an die Kompetenz des Supervisors

Um die soeben aufgeführten Ziele zu erreichen, muß der Supervisor u.a. über Kenntnisse aus der Kommunikationstheorie und Sozialpsychologie verfügen. Zum Erwerb dieser Kenntnisse gibt es Ausbildungsgänge zum Supervisor, die mit einem Diplom abschließen. Der Katalog der Forderungen, die in einem Ausbildungscurriculum niedergelegt sind, soll an dieser Stelle nicht dargestellt werden. Was in diesen Ausbildungsgängen selten vermittelt wird, sind spezifische Kenntnisse der besonderen Arbeitsfelder, in denen die zu supervidierenden Institutionen angesiedelt sind. Diese „Feldkompetenz" ist für eine erfolgreiche Supervision jedoch unverzichtbar, denn nur sie befähigt den Supervisor, die Grenzen der Handlungsmöglichkeiten der Mitarbeiter zu würdigen und nicht überhöhte Erwartungen an sie heranzutragen. Sie ermöglicht es auch, spezifische Ressourcen der einzelnen Mitarbeiter und der gesamten Organisation aufzufinden bzw. von den Mitarbeitern entdecken zu lassen.

Wie sich ein Mangel an Feldkompetenz auswirken kann, soll folgendes Beispiel zeigen:

In einer somatisch orientierten Reha-Klinik, die einen psychosomatischen Behandlungsansatz entwickeln wollte, hatte ein ansonsten gut ausgebildeter Supervisor versucht, die negativen Gefühle von Angst, Konkurrenz, Überforderung und Unbehagen am vielfältigen Arbeitsablauf aufzudecken. Er wurde dabei von der Hoffnung geleitet, diese negativen und destruktiven Gefühle unschädlich zu machen, indem sie ausgesprochen werden. Das Ergebnis war eine Verstärkung der allgemeinen Feindseligkeit zwischen den verschiedenen Fachgruppen: Ärzten, Psychologen, Krankenschwestern und Physiotherapeuten. Gegenseitige Vorwürfe, Lähmung und verbittertes Schweigen waren die Folge. Es endete mit der Angst vor jeder weiteren Supervision und mit der „Vertreibung" des Supervisors. Am Ende fühlte sich der Supervisor genauso insuffizient wie seine Supervisanden.

Weil er nicht im Umgang mit Patienten und mit Krankenhausstrukturen geschult war, konnte dieser Supervisor nicht erkennen, wie schwerwiegend in vielen Fällen die *psychische Symptomatik* der Patienten neben ihren *körperlichen Symptomen* ist. Dies führte dazu, daß er unausgesprochen die Probleme, die sich im Umgang mit diesen Patienten häuften, *allein den Behandlern* anlastete.

In vielen Kliniken sind die Assistenzärzte und Psychologen häufig Berufsanfänger. Ihr Selbstbild ist geprägt von diesem Anfängerstatus. Sie sind überzeugt, sie könnten effizienter sein, wenn sie mehr wüßten und sich mehr anstrengen würden. Indem der Supervisor die Insuffizienzgefühle der Mitarbeiter nicht aus dem Verhalten der Patienten ableiten konnte, wie es nötig gewesen wäre, verstärkte er sie und konnte auf diese Weise nicht verhindern, daß sich die Mitarbeiter diese Unfähigkeit gegenseitig zum Vorwurf machten. Jeder war mehr oder weniger bewußt versucht, die „Schuld" für die Schwierigkeiten von sich abzuwälzen und einen anderen dafür verantwortlich zu machen. So wurde zwischen den Behandlungsteams der Ärzte, Psychologen sowie der Pfleger und Schwestern und der Physiotherapeuten die „Schuld" hin und her geschoben.

Es muß nun gefragt werden, welche Forderungen erfüllt sein müssen, damit der Prozeß der Supervision einen konstruktiven Verlauf nehmen kann.

Es muß von der „Schuldfrage" entlastet werden. Dies verlangt als erstes die Anerkennung der Bemühungen und Leistungen aller Beteiligten. Der Supervisor billigt jedem Beteiligten einen Bonus zu, in dem er unterstellt, daß trotz des eventuellen Scheiterns jeder sein Bestes gegeben hat. Erst wenn diese Botschaft angekommen ist, kann eine Reflexion im Sinne einer „Manöverkritik" stattfinden.

Es ist nützlich, eine Unterscheidung zwischen *Motiv* und *Verhalten* zu treffen. Das Verhalten mag destruktiv erscheinen, das dahinter liegende Motiv jedoch konstruktiv im Sinne eines Problemlösungsversuches. Die Kenntnis dieser Motive bewirkt in der Regel eine Veränderung der bisherigen Bewertung des Verhaltens. Ein neuer Rahmen wird geschaffen, innerhalb dessen das bisher problematische Verhalten in einem neuen Licht gesehen werden kann.

Abgeleitet von den Motiven, die in der Supervision erforscht und mitgeteilt werden sollten, ist eine von allen anerkannte *Zieldefinition der gesamten Organisation* nötig. Bei der Erarbeitung dieser Zieldefinition ist die Beteiligung der Leitung erwünscht. Diese Diskussion kann als erfolgreich beendet angesehen werden, wenn alle dieser Zieldefinition zustimmen können. In der Organisationsentwicklung ist dafür der Begriff der „corporate identity" gebildet worden. Auf der Grundlage dieser allgemeinen Zieldefinition werden dann Unterziele formuliert, die ebenfalls so lange diskutiert werden müssen, bis sie von allen Beteiligten akzeptiert werden.

Es muß ein offener Austausch von Wahrnehmungen, Meinungen und Bewertungen gefördert werden, ohne daß irgend jemand Angst vor Abwertung haben muß. Hier ist das Engagement des Supervisors besonders gefordert. Er muß in der Lage sein, die oft unterschwelligen Entwertungen zu registrieren und korrigierende Kommentare zu geben, ohne seinerseits den „Entwerter" zu entwerten. Diese Aufgabe ist relativ leicht durch folgenden Kommentar zu bewältigen: „Die eben geäußerte Ansicht ihres Kollegen mag Ihnen nicht gefallen. Es ist Ihr gutes Recht, ihr Mißfallen zu äußern. Ihr Kollege hat aber sicher ebenso guten Grund zu seiner Ansicht und es nutzt auch Ihnen, wenn Sie diese Gründe zur Kenntnis nehmen". Falls ein solcher oder ähnlicher Kommentar nicht hilft, muß ein regelrechter Vertrag geschlossen werden zwischen dem „Kritiker" und dem Supervisor: „Wenn ich Ihnen wirklich nutzen soll, dann müssen Sie mir erlauben, Ihnen jedesmal ins Wort zu fallen, wenn Sie entwertende Urteile abgeben."

Auf dem Boden des Vertrauens, daß auch unbequeme Meinungen gehört werden, sollte *detaillierte Kritik an Verhaltensweisen* geäußert werden. Der Supervisor muß hierbei darauf achten, daß nicht unzulässig generalisiert wird und daß immer wieder unterschieden wird zwischen der Person und ihren Verhaltensweisen. Kritik darf nur *an den Verhaltensweisen* geübt werden *nicht an der Person*. Beispiel: „Ihre Neigung zur Verteidigung erzeugt bei den anderen Personen den Eindruck, Sie würden nicht zuhören. Wenn dieser Eindruck entsteht, werden die anderen entweder verstummen oder sie werden mit ihren Argumenten immer lauter und heftiger und Sie werden sich genötigt sehen, sich noch heftiger zu verteidigen."

Eine solche Beschreibung ist besser als: „Sie sind einfach ein schlechter Zuhörer" oder „Immer mußt Du alle Schuld von Dir abweisen". Genau solche Urteile werden oft laut oder noch öfter und mit schlimmeren Folgen innerlich von den Mitarbeitern und Leitern abgegeben. Damit ist jede Zusammenarbeit in eine Sackgasse zu führen.

Aus dem eben angeführten Beispiel ist noch eine weitere Empfehlung abzuleiten:

Eine detaillierte Beschreibung sollte nicht allein das Verhalten einer einzelnen Person, sondern immer die wechselseitige Abhängigkeit des Verhaltens mehrerer Personen *erfassen. Nur so lassen sich Beziehungen zwischen Mitgliedern eines Teams darstellen. Denn die Supervision hat die Veränderung dieser Beziehungen zum Ziel. Sie legt nicht den Schwerpunkt auf die Veränderung von Individuen.*

Am oben dargestellten Beispiel einer gescheiterten Supervision läßt sich auch die destruktive Wirkung der „Schuldfrage" demonstrieren. Wir sind alle gerne bereit, die Gesundung eines Patienten unserem wohltätigen Wirken zuzuschreiben. Die unwillkommene Kehrseite besteht darin, daß die „Nichtgesundung" nur unserer Unfähigkeit zuzuschreiben ist. Will man diese Kehrseite nicht wahrhaben, kann man nur auf Sündenbocksuche gehen. Diese Grundüberzeugung fördert die Resignation der Therapeuten und deshalb muß der Supervisor ihr immer wieder entgegentreten.

Überlegungen und Hypothesen zur Selbstregulation von Organisationen, die er systemischen Theorieansätzen entnehmen kann, helfen ihm dabei.

Allparteilichkeit

Es ist eine Selbstverständlichkeit, daß der Supervisor sich keiner Partei *mehr* als einer anderen verpflichtet fühlt. Dies wird oft mit dem Begriff der „Neutralität" oder auch „Unparteilichkeit" verbunden. Beide Begriffe haben einen Beiklang von Distanzierung. Tatsächlich verhalten sich manche Supervisoren in dieser Weise. Sie versuchen sich unangreifbar zu machen. Ich glaube jedoch, daß es nicht förderlich ist, sich zu sehr zu distanzieren. Der unangreifbare Supervisor wird auf Dauer als bedrohlich wahrgenommen, als jemand der mit den normalen Schwächen nichts zu tun hat. Daß es einen solchen Menschen gibt, ist so unwahrscheinlich wie die Tatsache, daß ein Supervisor wirklich „neutral" ist. Der Begriff der „Allparteilichkeit" hat dagegen in meinen Augen ein günstigeres Bedeutungsumfeld, denn er legt nahe, daß man Partei ergreift und sich in das Getümmel stürzt. Allerdings verlangt er auch, daß man die Parteien wechselt und damit immer wieder zum „Verräter" wird. Darauf sind die Teilnehmer der Supervision vorzubereiten.

Hierzu zwei Beispiele:

Eine junge Ärztin war im Team als ehrgeizig angesehen und drohte in eine Außenseiterposition zu geraten. Tatsächlich besaß sie eine scharfe Beobachtungsgabe, die in Verbindung mit guten theoretischen Kenntnissen eine besondere diagnostische Urteilsfähigkeit zur Folge hatte. Dafür wurde sie vom Ärztlichen Leiter sehr geschätzt, was den übrigen Mitarbeitern ein Dorn im Auge war. Auch in den Supervisionssitzungen fiel sie dadurch auf, daß sie bei Unstimmigkeiten mit ihren Kollegen durch scharfsichtige und zutreffende Kommentare sich selbst in die Position des Supervisors versetzen wollte. Es war allen außer ihr selbst klar, daß sie damit ihren Status im Team weiter untergrub.

Die Intervention des Supervisors bestand darin, daß er zunächst die Partei der Ärztin ergriff und ihre Leistungen vorbehaltlos anerkannte. Dann kam er auf die Opfer zu sprechen, die es kostet, diese Leistung immer wieder erbringen zu müssen. Ein Opfer unter anderem sei eben die Entfremdung von den Kollegen, die sich durch ihr Verhalten immer ein wenig deklassiert vorkommen müßten. Tatsächlich konnte die Kollegin mit dieser Intervention ihr Verhalten ändern, während sie vorher bei konfrontierenden Beschreibung ihres Verhaltens immer mit der gleichen Verteidigungsreaktion antworten mußte: nämlich noch besser und damit unangreifbarer zu werden. Mit der Veränderung des Verhaltens dieser Kollegin war das Problem im Team zwar entschärft, aber nicht beseitigt. Nun mußten die anderen Teammitglieder Gelegenheit bekommen, darüber zu sprechen, wie sehr sie sich durch manche Äußerungen dieser Kollegin verletzt gefühlt hatten. Der Supervisor unterband von nun an alle Ansätze der Ärztin, in ihre alte Form der Verteidigung zurückzufallen, mit der Bemerkung, daß sie sich selbst in dieser Rückmeldungsrunde nur helfen könne, in dem sie lediglich mit einem einzigen Satz antwortete: „Ich höre". Die Stützung durch den Supervisor bestand in der wiederholten Versicherung, daß er mitfühlen könne, wie schwer es sei, dies alles anzuhören. Indem sie es anhörte, veränderte sich ihre Stellung im Team von einer unangreifbaren zu einer verletzbaren Position. Damit rückte sie ihren Kollegen näher und konnte nun eine neue Art von Wertschätzung erleben, die ihr vorher verwehrt war. Natürlich bedeutete diese Sitzung ein hohes Maß an Konfrontation für diese Kollegin. Gleichzeitig ist diese Art des Vorgehens ein gutes Beispiel für die weiter oben aufgestellte Forderung nach einer „liebevollen Konfrontation".

Das zweite Beispiel:
Ein neuer Oberarzt wird vom ganzen Team angegriffen: er würde die Arbeit seiner Mitarbeiter nicht genügend wertschätzen, er halte Termine nicht ein und drücke damit aus, daß die Arbeit seiner Mitarbeiter nicht so wichtig sei und er sage nie etwas von sich selber.
Der Oberarzt wirkt bei diesen Vorwürfen ängstlich angespannt. In seiner Verteidigung spricht er davon, wie sehr er sich in dieser Institution schon von Beginn seiner Tätigkeit an auf dem Prüfstand fühle und wie sehr er sich bemühe allen Anforderungen gerecht zu werden, insbesondere auch den Anforderungen, die sein eigentliches Fachgebiet überschreiten. Es wird sehr deutlich, daß er nur deshalb Termine nicht einhalten kann, weil er nicht „nein" sagen kann, wenn der Klinikleiter ihn mit Aufgaben überhäuft. Dies ist möglicherweise ein persönliches Problem, welches ihm auch unter anderen Umständen zu schaffen machen könnte, hier aber führt es zu einer besonderen Eskalation: Er will sich als Reaktion auf die Angriffe noch mehr Mühe geben als er es ohnehin schon tut. Der Supervisor ist der Meinung, daß er daran scheitern muß

und teilt dies auch dem Team mit. Die Angriffe nehmen daraufhin jedoch nicht ab. Wieder wird geklagt, daß der Oberarzt nichts von seinen Gefühlen äußere. Auch der Hinweis des Supervisors, daß der OA ja gerade von sich gesprochen habe und daß es ja wohl schwierig sei, seine Überforderung mitzuteilen, wenn man sich so angegriffen fühle, ändert wenig. Daraufhin erbittet der Supervisor vom OA die Erlaubnis, an seiner Stelle den Mitarbeitern etwas sagen zu dürfen. Er bekommt diese Erlaubnis und sagt an Stelle des OA mit lauter nachdrücklicher Stimme: „Ich sage euch die ganze Zeit, wie sehr ich mich an meinen Grenzen fühle und ihr hört mir einfach nicht zu". Der OA bestätigt, daß dies seinem gegenwärtigen Gefühl entspricht. Von jetzt an sagt der Supervisor immer, wenn jemand in das alte Muster der Anklage verfällt an Stelle des OA: „Sie hören wirklich nicht zu". Er behält diese Taktik bei, bis der OA selbst die vom Supervisor vorgeschlagene „aggressivere" Position einnehmen kann. Letzten Endes verhilft der Supervisor dem OA zu einer Position, die da lautet: „Nur wer nachdrücklich „nein" sagen kann, kann auch "ja" sagen". Anschließend haben die Mitarbeiter Gelegenheit ihre Wünsche an den OA zu richten und der antwortet mit der klaren und entschiedenen Aussage, welche Wünsche er erfüllen wird und welche er auf keinen Fall erfüllen wird. Jetzt, da der OA nicht mehr die Rolle des Fügsamen spielt, der alle Forderungen erfüllen muß, kann sich der Supervisor wieder auf die Seite derer stellen, die Wünsche äußern und Forderungen stellen. Auch die dürfen ja nicht vorzeitig von diesen Forderungen abrücken und allzu bereit sein „faule" Kompromisse zu schließen. Die Sitzung endet mit einem eindeutigen Vertrag, an den sich jeder zu halten hat.

Auf einige besondere Merkmale der Supervision in diesen Beispielen soll hingewiesen werden.
1. Der Supervisor interpretiert keine Gefühle. Wenn er mit seinen Worten ein Gefühl ausdrücken will, welches er bei einem Teilnehmer wahrzunehmen glaubt, dann beschreibt er zuerst was er beobachten kann, schließt dann auf ein dahinter liegendes Gefühl und wartet ausdrücklich, ob dieser Schluß von dem Betroffenen akzeptiert wird. Wenn dies nicht der Fall ist, muß er weiter suchen bzw. den Betroffenen um eine Korrektur bitten.
2. Er fragt um Erlaubnis bei Interventionen, die über seine bisherigen Interventionen hinausgehen und daher eine Grenze überschreiten könnten.
3. Er schließt Verträge über Veränderungen.

4. Er läßt die Betroffenen entscheiden, wann ein bestimmter Prozeß ein Ende haben soll.

Das letztere bedeutet, daß er den Prozeß der Supervision immer wieder von den Supervisanden beurteilen läßt. Damit hilft er, Abhängigkeiten zu vermeiden und alle Beteiligten immer wieder zur Betrachtung ihrer eigenen Interaktionen zu ermutigen. Das letzte Beispiel soll noch einmal aufgegriffen werden, um zu verdeutlichen, wie nötig es ist, die Interaktionen zwischen den hierarchischen Ebenen zu berücksichtigen, wenn dauerhafte Veränderungen durch die Supervision erreicht werden sollen. Natürlich wird der Ärztliche Leiter darauf reagieren müssen, wenn einer seiner Oberärzte plötzlich beginnt, Wünsche und Anordnungen in Frage zu stellen und seine Grenzen stärker betont. In einem ähnlichen Fall fühlte sich der Ärztliche Leiter durch das ungewohnte Verhalten seines bisher willfährigen OA regelrecht bedroht und ging zum Gegenangriff über, in dem er mit Abmahnung drohte. Es wurde eine Sitzung nötig, in der auch der Ärztliche Leiter anwesend war. In dieser Sitzung wurde deutlich, wie sehr auch er sich in einer Verteidigungssituation befand. Angesichts sinkender Patientenzahlen und daraus resultierender Sparmaßnahmen nahm der Druck des Krankenhausträgers nach „höherer Effizienz" zu. In dieser Sitzung konnte darüber gesprochen werden, wie sehr alle unter diesem Druck stehen und damit in einem Boote sitzen. Gemeinsam konnte jetzt über Belastungsgrenzen diskutiert werden und eine neue Zielsetzung der Klinik erarbeitet werden, an der alle beteiligt waren und für deren Verwirklichung sich auch alle verantwortlich fühlten. Der Druck von außen, der zunächst die Tendenz zur Spaltung innerhalb der Klinik förderte, führte nun zu einem Zusammenschluß der Kräfte und einer gemeinsamen Antwort, die den Problemen Rechnung trug, die die Klinik bedrohten.

Zusammenfassung

Zusammenfassend ist das Ziel der Supervision also:
Förderung der Fähigkeit zuzuhören, Anerkennung von Verschiedenheit ohne Abwertung des Gegners, Definition gemeinsamer Ziele, und die Fähigkeit, Verträge auszuhandeln. Zu solchen Verträgen sind tragfähige Kompromisse und Verbindlichkeiten eine unverzichtbare Voraussetzung. Vom Supervisor wird gefordert, daß er einen Weg findet zwischen der einflußlosen Funktion als bloße Klagemauer und der grenzüberschreitenden Funktion als „Graue Eminenz". Weiter muß er im Stande sein, eine Balance

zwischen Harmoniebedürfnis und Auseinandersetzung herzustellen. Es darf keine Norm von Verständnis und Harmonie aufgebaut werden, die jede Äußerung von Ärger und negativen Gefühlen tabuisiert. Dies verlangt, daß Spannungen, Konflikte und Gegensätze ausgehalten werden müssen. Gleichzeitig muß der Supervisor jedem Beteiligten das Gefühl vermitteln, daß er ein Recht hat, so zu sein, wie er ist: mit seinen Defiziten und Möglichkeiten. Damit setzt er eine Gegenbotschaft zu den häufig in Institutionen wirksamen impliziten Botschaften: „Du bist nicht genügend: fleißig, konfliktbereit, konsensfähig, kollegial, zugewandt, abgegrenzt." Die Liste dieser Zuschreibungen ließe sich beliebig verlängern. Die „Feldkompetenz" gibt dem Supervisor die Möglichkeit, spezifische Belastungsgrenzen zu erkennen. Wenn er selbst die Schwierigkeiten kennt und erfahren hat, die in der Supervision beklagt werden, gerät er weniger in Gefahr, zum unerträglichen Besserwisser zu werden und wird den Mitarbeitern mehr Empathie und Sympathie entgegenbringen. Bei aller Notwendigkeit zur Konfrontation mit problematischen Mustern, ist es für einen Supervisor nützlich, an der Maxime festzuhalten: „Man vermutet niemanden hinter einem Busch, hinter dem man nicht schon selbst gesessen hat."

Konfliktlösung auf Stationen: Supervisionsdienst für Pflegepersonal und Stationsteams

Andrea Wittich, Birgit Murjahn, Wilfried Dieterle

Zusammenfassung

Am Universitätsklinikum Freiburg gibt es seit 1989 einen Supervisionsdienst für Pflegepersonal und Stationsteams. Zwei hauptamtlich angestellte Supervisorinnen teilen sich die Stelle. Supervisionsgruppen finden in fast allen Abteilungen des Klinikums statt. Regelangebot: 14tägig, 1,5 Stunden, Block von 10 Sitzungen, Fortsetzung bei Bedarf nach Vereinbarung. Zusatzangebot: Kriseninterventionsgruppen, Einzelsupervisionen. Resultate: seit 1990 85 Gruppen mit insgesamt nahezu 900 Sitzungen. Durchschnittliche Anzahl: 11 Sitzungen. Teilnehmende: 87% Pflegepersonal, 6% ÄrztInnen, 7% sonstige Berufsgruppen. Die Erwartungen der Gruppenteilnehmer an die Supervision richten sich vor allem auf die Bearbeitung von Teamkonflikten, Konflikten in der Klinikhierarchie und den Umgang mit Patienten. Sie werden durch die Supervision erfüllt.

1. Einleitung: Anforderungen und spezifische Belastungen in der Krankenpflege

Das Aufgabenspektrum von Krankenpflegepersonal ist über den pflegerischen Aspekt hinaus angefüllt mit anderen Betreuungsaufgaben. Diese liegen vor allem im psychosozialen Bereich, in dem an die Schwester/ den Pfleger vielfältige Anforderungen gestellt werden: so ist sie/ er wichtig als Dolmetscher zwischen Arzt und Patient, in der Unterstützung der Wiederherstellung des seelischen Gleichgewichts von Patienten, sowie gegebenenfalls im Prozeß der Sterbebegleitung (Bermejo & Muthny 1993, Schmeling-Kludas 1993). Die Kontaktdichte zwischen Patient und Schwester ist in der Regel wesentlich größer als die zwischen Patient und Arzt.

Die durchschnittliche Berufsverweildauer in der Pflege liegt lediglich zwischen 5 und 10 Jahren. Dringend erforderlich scheint deshalb die Entwicklung und Vermittlung spezieller Qualifikationen, die einen längeren

Berufsverbleib fördern könnten. Zu diesen Qualifikationen gehören sicherlich soziale Kompetenz und Umgangsmöglichkeiten mit den unvermeidlichen Belastungen und Frustrationen im Berufsalltag.

Eine repräsentative Befragung von im stationären Rahmen tätigem Pflegepersonal über die Wahrnehmung der eigenen Arbeitssituation (Weyermann 1990) ergab, daß das Arbeits*klima* als wichtigster Aspekt der Arbeitssituation noch vor den Arbeits*inhalten* rangiert und daß Spannungen im Team und Wechsel von Personal als besonders belastend empfunden werden. 40% der in dieser Studie Befragten betonten, daß gelegentlich oder häufig Teamprobleme auftreten.

2. Ausstattung und Organisation des Supervisionsdienstes

Am Universitätsklinikum Freiburg gibt es seit 1989 auf Veranlassung des Klinikumsvorstandes einen Supervisionsdienst für Pflegepersonal und Stationsteams. Die Stelle, die an der Abteilung Psychosomatik und Psychotherapie, Prof. Wirsching, eingerichtet ist, ist mit zwei Supervisorinnen besetzt. Beide sind auch Diplom-Psychologinnen und jeweils auf einer Halbtagsstelle beschäftigt.

Wie kommt eine Supervisionsgruppe zustande?

Nach einer telefonischen Supervisionsanfrage, meist durch die Stationsleitung, bietet die Supervisorin eine gemeinsame Informationssitzung auf Station an. Wenn das Team sich für eine Supervision entscheidet, wird darin eine Vereinbarung von Ort und Beginn der Gruppe getroffen.

Die Rahmenbedingungen der Supervision sind in Tabelle 1 zusammengefaßt.

3. Basisdaten: TeilnehmerInnen und Themen der Sitzungen

Am Freiburger Universitätsklinikum wurden seit 1990 85 Supervisionsgruppen mit insgesamt nahezu 900 Sitzungen durchgeführt. Tabelle 2 gibt einen Überblick über die Teilnehmenden und die Themen, die in den

Teil 2: Praxis der Supervision im Klinikkontext

Tab. 1: Rahmen des Supervisionsangebots

Gruppensupervision
- 1½stündige Sitzungen in zweiwöchigem Abstand
- zunächst Vereinbarung von 10 Sitzungen, evtl. Verlängerung
- Anrechnung auf Dienstzeit
- Teilnahme ist freiwillig, regelmäßige Teilnahme wünschenswert
- Mindestteilnehmerzahl ist 3
- Schweigepflicht über Detailinhalte der Sitzungen
- Informieren der Bereichs- oder Pflegedienstleitung und des Chefs, des OA und der StationsärztInnen über den Beginn der Gruppe
- Termine absagen über Sekretariat am Tag zuvor
- Gruppe bestimmt die Themen (möglich: PatientInnen und deren Angehörige; Pflegeteam; Kooperation mit ÄrztInnen; Abläufe in der Institution etc.)
- keine vertiefte Selbsterfahrung, obwohl sinnvoll auch eigene Anteile einzubringen
- Supervision ist eine Beratung, die Besprechungen des Teams oder mit anderen Berufsgruppen und mit Vorgesetzten nicht ersetzen kann

Einzelsupervision
- 1stündige Sitzungen
- Termine und Dauer nach Vereinbarung

Sitzungen bearbeitet wurden. Der Intention des Dienstes entsprechend, wird das Angebot vor allem von Pflegepersonal wahrgenommen. Ärzte und Ärztinnen kommen auf Einladung der Gruppe zu einzelnen Sitzungen jeweils dann hinzu, wenn berufsgruppenübergreifende Themen besprochen werden sollen. In über der Hälfte der Sitzungen dominieren Teamkonflikte, zu etwa gleichen Teilen kommen der Umgang mit Patienten, Fragen der Verbesserung der Arbeitsorganisation und Konflikte mit Ärzten oder in der Klinikhierarchie zur Sprache.

Tab. 2: TeilnehmerInnen und Themen der Sitzungen

- 1990–10/96: 85 Gruppen, insgesamt 887 Sitzungen
- *Durchschnittliche Anzahl:* 11 Sitzungen (min. 2, max. 45)
- *Teilnehmende* (N = 4927): 87% Pflegepersonal
  6% ÄrztInnen
  7% sonstige Berufsgruppen
- An 74% aller Sitzungen nahm ausschließlich Pflegepersonal, an 14% aller Sitzungen nahmen auch ÄrztInnen teil.
- *Dominierende Themen* (bezogen auf Sitzungen):
   54,6 % Teamkonflikte
   14,6 % Umgang mit PatientInnen
   13,5 % Arbeitsorganisation, Institution
   11,3 % Konflikte mit ÄrztInnen bzw. in Klinikhierarchie

4. Konzept und Praxis der Supervision

Mit Ausnahme der ersten informatorischen Sitzung, finden die Gruppen meistens in einem Seminarraum oder der Bibliothek der jeweiligen Klinik statt, nicht im Stationszimmer, wo sich Störungen durch Telefonanrufe, Besucher, Ärzte häufig kaum vermeiden lassen. Bereits die Tatsache, bei der Arbeit mal für ganze 1½ Stunden *ungestört* im Team miteinander sprechen zu können, ist für viele in der Pflege Tätige nicht selbstverständlich.

Aufgrund des Schicht-, Nacht- und Wochenenddienstes kann von einer absoluten Konstanz der TeilnehmerInnen nicht ausgegangen werden. Deswegen wird darauf geachtet, in den Sitzungen sehr fokussiert zu arbeiten und pro Sitzung ein oder zwei umschriebene Themen zu behandeln und abzuschließen. Die Themen werden zu Beginn von den Anwesenden vorgeschlagen und gesammelt. Anschließend wird gemeinsam entschieden, ob, in welcher zeitlichen Reihenfolge und mit welcher zeitlichen Gewichtung jedes Thema in dieser Sitzung bearbeitet werden soll.

In den Supervisionssitzungen werden Patienten vorgestellt, Schwierigkeiten innerhalb des Pflegeteams oder zwischen verschiedenen Berufsgruppen thematisiert, Organisationsstrukturen auf Station oder in der Abteilung überdacht und die Rahmenbedingungen der Arbeit in der Klinik diskutiert.

Entsprechend sind verschiedene *Theorieelemente* für die Konzeptualisierung der Arbeit nötig (Schreyögg 1991, Schaub 1994). In die Fallsupervision fließen Konzepte der psychoanalytischen Behandlungspraxis unter besonderer Berücksichtigung der Gegenübertragung ein, bei Teamproblemen gruppendynamische Konzepte. Ein weiterer Aspekt ist der der Organisationsberatung, wenn es um Organisationsstrukturen und institutionelle Rahmenbedingungen des Krankenhauses geht. Hier spielen organisationssoziologische Sichtweisen und Interpretationen eine Rolle.

Das Handeln der Supervisorin richtet sich nach dem Finden und Präzisieren des Themas durch die Gruppe auf die Wahl von Deutungsmustern und die Auswahl und Realisierung von Handlungsmustern. Was Schreyögg (1991) für Teamsupervision *allgemein* beschreibt, gilt auch für die spezifische Form der Supervision von Pflegeteams (weibl. Form von der Verfasserin):

„Die Supervisorin moderiert die Versuche der SupervisandInnen, für ein Thema angemessene Deutungsweisen zu finden. Das Team hat durch seine täglichen Interaktionen kulturspezifische, kollektive Normen entwickelt, mit denen bestimmte Phänomene regelmäßig strukturiert werden.

Als systemfremde Person ist die Supervisorin für ein Team dann besonders wertvoll, wenn sie die kollektiven Strukturierungsprozesse durch neue anreichert oder ihre denen des Teams gegenüberstellt. Das Problem wird in der Gruppe rekonstruiert und an seiner gezielten Veränderung gearbeitet."

So kann beispielsweise aggressives Verhalten eines Patienten und die Reaktionen der Pflegenden untersucht und verstanden werden, um im Anschluß Alternativen für den konkreten Umgang mit dem Patienten zu erarbeiten.

Während es manchmal gelingt, gleich eine Strategie zur Lösung eines Problems aufzuzeigen, ist dies in anderen Fällen, wie bei der Analyse konzeptioneller oder struktureller Probleme nicht sofort möglich. Wenn das Team als ein kooperierendes System mit solchen Problemen konfrontiert ist, lassen sich diese jedoch häufig auch dann an mehreren aufeinanderfolgenden Sitzungen bearbeiten, obwohl nicht alle TeilnehmerInnen kontinuierlich anwesend sind.

Beispielsweise wurde die Einführung von *Bereichsleitungen*, einer neuen Ebene in der hierarchischen Struktur der Pflege, von vielen MitarbeiterInnen zunächst als eine Vergrößerung des eigenen „Abstandes" zur Pflegedienstleitung wahrgenommen. Daß „ihre PDL" für sie dadurch nicht mehr die unmittelbare Vorgesetzte und Ansprechpartnerin war, erlebten einige als Zurücksetzung oder als Kränkung. Diese Thematik zog sich in verschiedenen Gruppen über mehrere Sitzungen hin. Schließlich konnten auch die Vorteile der neuen Struktur diskutiert und den empfundenen Nachteilen gegenübergestellt werden.

Ein anderes Beispiel für ein Thema, was über mehrere aufeinanderfolgende Sitzungen besprochen wurde, ist die Reflexion des *Berufsbildes der Pflege*. Sollte und will das Pflegepersonal auch „ärztliche" Aufgaben, wie das Verabreichen von Antibiosen, übernehmen? Wenn dies aus berufsständischen Überlegungen heraus abgelehnt würde, droht dann möglicherweise die Einführung spezieller *Funktions*dienste, die wiederum zu einer Beschränkung der Aufgaben des Stationspersonals auf die reine „Grundpflege" führen könnte?

Die in den Supervisionsgruppen diskutierte Frage nach einem *positiv* definierten Berufsbild von Pflege führte in der Chirurgischen Klinik zur Gründung einer stationsübergreifenden Arbeitsgruppe. Diese setzte sich zur Aufgabe, einen Katalog der Arbeitsaufgaben und Fachkompetenzen zu erarbeiten, der als Grundlage zu einer expliziten Definition des Berufsbildes dienen soll.

5. Prä/Post-Befragung zu *Belastungen* des Personals und *Erwartungen* an die Supervision bzw. *Effekte* der Supervision

Seit Anfang 1996 führen wir vor Beginn und nach Beendigung der Supervision eine schriftliche Befragung der Teilnehmenden durch (siehe Anhang). Der Fragebogen führt beruflich belastende Bedingungen und Situationen auf, die in einer explorativen Untersuchung von Pflegepersonal beschrieben wurden (Galuschka et al 1993).

Vor Beginn der Supervision wird erfragt, *wie häufig* die aufgeführten Schwierigkeiten in einzelnen Arbeitsbereichen auftreten. Dabei werden sehr viele denkbare Belastungen benannt, auch solche, von denen nicht erwartet werden kann, daß sie durch Supervision zu lösen sind, wie z.B. bauliche Rahmenbedingungen. Außerdem wird gefragt, in welchen Bereichen von der Supervision *Lösungen erhofft* werden. Nach der Supervision wird wieder nach der *Häufigkeit* von Schwierigkeiten gefragt und danach, in welchen Bereichen sich *Lösungen ergaben*.

Wie sehen nun die Schwierigkeiten und wahrgenommen Belastungen vor und nach der Supervision aus?

Zur Auswertung liegen inzwischen 208 Bögen zum Zeitpunkt vor Beginn der Supervision (T0) und 62 Bögen zum Zeitpunkt nach Beendigung der Gruppe (T1) vor. Tabelle 3 gibt die Häufigkeit der erlebten allgemeinen Schwierigkeiten im Arbeitsalltag und Tabelle 4 die Erwartungen an Lösungen durch die Supervision vor Beginn der Gruppe wieder. Am häufigsten werden demnach Belastungen beklagt, die nicht mit Hilfe einer Supervision zu verändern sind: Belastungen durch zu hohen Arbeitsanfall und durch organisatorische Bedingungen. An dritter bis fünfter Stelle stehen Belastungen in Zusammenhang mit der Zusammenarbeit mit anderen Berufsgruppen, mit der Patientenbetreuung und mit dem Arbeitsklima innerhalb des Pflegeteams.

Vor Beginn der Gruppe richten sich die größten Erwartungen auf die Bearbeitung von *Teamthemen*, gefolgt von Kooperation mit *Ärzten*, Umgang mit *Patienten*, eigenes *berufliches Selbstverständnis* und *Arbeitsorganisation*.

Wie unter Pkt. 2 beschrieben, nimmt die Bearbeitung von *Teamkonflikten* den breitesten Raum der Sitzungen ein: es ist in 54,6% dominierendes Thema. Jedoch steht an zweiter Stelle der *Umgang mit Patienten* (14,6%), und erst nach der *Arbeitsorganisation und Institutionsproblemen*

Teil 2: Praxis der Supervision im Klinikkontext 105

Tab. 3: Häufigkeit von Schwierigkeiten vor Beginn der Supervision (T0)

n	M	s	
202	3.10	1.02	hoher Arbeitsanfall, der mit zu wenig oder nicht ausreichend qualifiziertem Personal bewältigt werden muß
198	2.89	1.08	Organisatorische Bedingungen, z.b. bauliche Rahmenbedingungen
206	2.84	0.85	Arbeitsklima und Zusammenarbeit mit übrigen Berufsgruppen im Krankenhaus, z.B. Stationsärzte, MTAs
204	2.70	0.87	Ethische und moralische Gewissenskonflikte bei Patientenbetreuung
200	2.69	0.94	Arbeitsklima im Pflegeteam auf der Station
205	2.65	0.98	starke körperliche Beanspruchung
196	2.65	0.92	Scheitern bei Versuchen, auf d. eigenen Station etwas zu verändern
203	2.61	1.02	Arbeitszeiten im Krankenhaus
208	2.59	1.02	eine Störung des Privatlebens, da die Probleme am Arbeitsplatz mit „nach Hause" genommen werden
206	2.54	0.81	Selbstbewußtsein
198	2.54	0.99	Unsicherheit im Gespräch und im Umgang mit (sterbenden) Patienten
189	2.54	1.06	Auswirkung des eigenen Berufsbildes auf die Arbeit und der gesellschaftliche Stellenwert des Pflegeberufs
204	2.50	0.93	vorgesetzte Ärzte (Oberarzt, Chefarzt)
206	2.45	0.80	Probleme beim Erkennen und Umgang mit seelischen Störungen von Patienten
205	2.44	0.87	Schwierigkeiten beim Finden der eigenen Rolle
208	2.39	0.88	Probleme mit Angehörigen der Patienten
194	2.31	0.91	vorgesetzte Pflegedienstleitung, vorgesetzte Bereichsleitung
208	2.23	0.95	Übertragen der Probleme und Krankheiten der Patienten auf sich selbst
182	2.20	1.11	schlechte Einarbeitung auf neuer Station oder in einer veränderten Position
198	2.15	0.90	Probleme beim Einfinden in die Rolle des/der examinierten Krankenpflegers / -schwester
174	2.05	1.05	Schwierigkeiten mit der Stationsleitung

(13,5%) folgen die *Kooperationsprobleme mit Ärzten* (11,3%). Zu beachten ist dabei jedoch, daß die Themen der Sitzungen sich je nach Zusammensetzung der Teilnehmenden unterscheiden. So steht die Kooperation *ÄrztInnen-Pflegeteam* in den Sitzungen, an denen ÄrztInnen mit teilnehmen, regelmäßig im Vordergrund.

Tab. 4: Erwartungen vor Beginn der Supervision (T0)

n	M	s	
201	3.54	0.99	Zusammenarbeit und Arbeitsklima im Pflegeteam
199	3.18	1.00	Zusammenarbeit und Arbeitsklima mit Ärzten
201	2.98	1.08	Beziehung zu und Umgang mit Patienten und Angehörigen
196	2.83	1.10	eigenes berufliches Selbstverständnis
199	2.74	0.98	Arbeitsorganisation

Tabelle 5 stellt die Rangreihe der berichteten allgemeinen Belastungen nach Ende der Supervision und Tabelle 6 die berichteten Effekte dar.

Tab. 5: Häufigkeit von Schwierigkeiten nach Ende der Supervision

n	M	s	
62	3.03	1.01	hoher Arbeitsanfall, der mit zu wenig oder nicht ausreichend qualifiziertem Personal bewältigt werden muß
60	3.02	1.13	Organisatorische Bedingungen, z.b. bauliche Rahmenbedingungen
62	2.79	0.94	Arbeitsklima und Zusammenarbeit mit übrigen Berufsgruppen im Krankenhaus, z.B. Stationsärzte, MTAs
62	2.79	0.94	Scheitern bei Versuchen, auf d. eigenen Station etwas zu verändern
62	2.68	0.86	starke körperliche Beanspruchung
62	2.60	1.17	Arbeitszeiten im Krankenhaus
56	2.57	0.89	Unsicherheit im Gespräch und Umgang mit (sterbenden) Patienten
62	2.55	0.80	Ethische und moralische Gewissenskonflikte bei der Patientenbetreuung
61	2.52	0.85	Arbeitsklima im Pflegeteam auf der Station
61	2.48	0.85	Probleme beim Erkennen und Umgang mit seelischen Störungen von Patienten
61	2.43	0.99	eine Störung des Privatlebens, da die Probleme am Arbeitsplatz mit „nach Hause" genommen werden
62	2.42	0.92	vorgesetzte Ärzte (Oberarzt, Chefarzt)
58	2.38	1.07	Auswirkung des eigenen Berufsbildes auf die Arbeit und der gesellschaftliche Stellenwert des Pflegeberufs
61	2.34	0.79	Selbstbewußtsein
60	2.30	0.89	Schwierigkeiten beim Finden der eigenen Rolle
62	2.29	0.64	Probleme mit Angehörigen der Patienten
55	2.25	1.02	Schwierigkeiten mit der Stationsleitung
61	2.23	0.86	vorgesetzte Pflegedienstleitung, vorgesetzte Bereichsleitung
55	2.11	0.99	schlechte Einarbeitung auf neuer Station oder in einer veränderten Position
62	2.05	0.78	Übertragen der Probleme und Krankheiten d. Patienten auf sich selbst
61	2.02	0.81	Probleme beim Einfinden in die Rolle des/der examinierten Krankenpflegers / Krankenschwester

Zu Zeitpunkt T1 bei der Frage, in welchen Bereichen sich durch die Supervision Lösungen ergaben, ist die Reihenfolge ähnlich wie hinsichtlich der Erwartungen zu Zeitpunkt T0, nur „Umgang mit Patienten" und „Kooperation mit Ärzten" sind vertauscht. Wie Abbildung 1 zeigt, deuten

Tab. 6: Effekte nach Ende der Supervision (T1)

n	M	s	
61	3.58	0.71	Zusammenarbeit und Arbeitsklima im Pflegeteam
61	3.09	1.05	Beziehung zu und Umgang mit Patienten und Angehörigen
61	2.97	0.95	Zusammenarbeit und Arbeitsklima mit Ärzten
61	2.83	1.01	eigenes berufliches Selbstverständnis
59	2.81	0.82	Arbeitsorganisation

sich im Profilvergleich unterschiedliche Verhältnisse bei „Patient" und „Ärzte" an: bei „Patient" liegt die Erwartung bei 2.98 und wird mit 3.09 erfüllt, bei „Arzt" liegt die Erwartung bei 3.18 und wird mit 2.97 erfüllt.

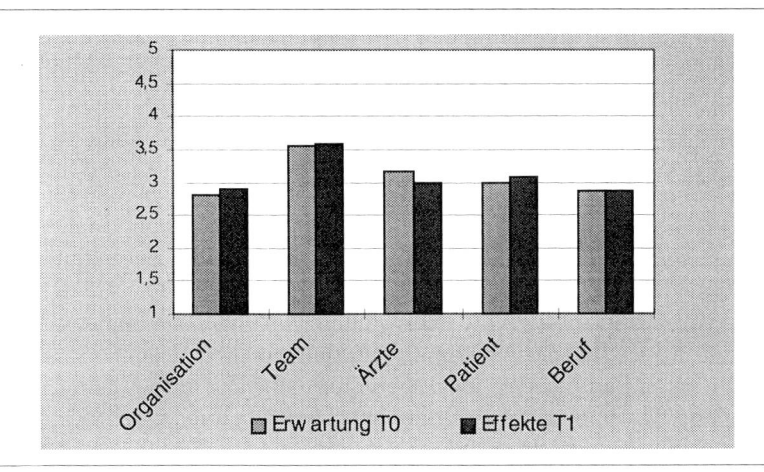

Abbildung 1: Erwartungen und Effekte

Im wesentlichen zeigt sich: Die anfänglich geäußerten Erwartungen werden erfüllt. Die Effekte sind dort am stärksten, wo die Erwartungen am höchsten sind.

6. Probleme der Begleitforschung

Bei der oben geschilderten Befragung der SupervisionsteilnehmerInnen stellten sich uns einige methodische Probleme. Auf diese soll abschließend hingewiesen und eingegangen werden, da sie charakteristisch sind, gerade für eine Begleitforschung von Supervision.

Zunächst ist die *Definition eines Zeitfensters* zur Erfassung der Belastungen zu nennen. Ohne ein solches Zeitfenster läßt sich nicht klären, inwieweit eventuelle Veränderungen tatsächlich auf den Effekt der Supervisionsgruppe zurückzuführen sind.

Zur Auswertung der Befragung wäre zweitens ein *Repeated Measurement Design* erforderlich. Aufgrund von Einschränkungen durch Datenschutzbestimmungen und aufgrund der Fluktuation der Teilnehmenden war uns jedoch bisher keine Personenzuordnung möglich, so daß unsere Untersuchung noch nicht entsprechend auswertbar ist.

Sehr interessant wären *differentielle Outcomes*, bei denen Struktur-, und Prozeßvariablen berücksichtigt würden. Hinsichtlich der *Struktur* der Stationsteams und der Gruppenteilnehmer könnten z.B. folgende Merkmale einen Einfluß auf das Outcome der Supervision haben: Klinik, Abteilung, Betten, Patienten, Turn-over, Krankenstand, offene Stellen, Alter, Geschlecht, Berufsjahre, Dauer der Zugehörigkeit zur Station, Funktion, spezielle Fachausbildung, Fortbildungserfahrungen, eventuell auch Persönlichkeitsmerkmale. (Die Erfassung von personenbezogenen Daten im Sinne von Persönlichkeitsdimensionen könnte jedoch wiederum die Kooperationsbereitschaft herabsetzen und die interne Validität beeinträchtigen.) Merkmale des Supervisionsprozesses, die das Ergebnis beeinflußen, könnten beispielsweise sein: Zustandekommen der Entscheidung zur Supervision, Zeit zwischen Entscheidung zur Supervision und Beginn der Gruppe, Art der Vereinbarung, Ort der Supervisionsgruppe, Frequenz und Dauer, Gruppengröße und -zusammensetzung, Konstanz der Teilnehmer.

Die SupervisionsgruppenteilnehmerInnen sind nur eine *Subgruppe* eines Stationsteams. Erfahrungsgemäß nehmen 20–25% der StationsmitarbeiterInnen nicht an den Gruppen teil. (Der genaue Anteil der TeilnehmerInnen sollte als ein Merkmal des Prädiktors „Supervisions-prozeß-Struktur" beschrieben werden). Die Nicht-TeilnehmerInnen müßten sich am Ausfüllen der Bögen beteiligen.

Der *inhaltliche Ablauf* der einzelnen Supervisionssitzung wäre als ein weiterer Prädiktor des Outcomes interessant. Die Frage der Zumutbarkeit einer operationalen Erfassung der Intervention selbst, beispielsweise durch von den Teilnehmern ausgefüllte Stundenprotokolle, kann sicherlich kontrovers diskutiert werden. Eine Untersuchung des eigentlichen Supervisionsablaufs über Satz- für Satzanalysen ist in unserem Setting nicht möglich, da keine Tonbandaufnahmen der Sitzungen gemacht werden, um die durch die Fluktuation der Teilnehmer ohnehin strapazierte Vertraulichkeit der Gruppensitzungen nicht noch weiter zu erschweren. Ein solcher Ansatz der Prozeßforschung wäre jedoch sicherlich fruchtbar und interessant.

Dies gilt ebenfalls für die Erfassung der *Patientenebene*. Es wäre wünschenswert, die Wirkung der Supervision auf Patientenebene zu erfassen. Eine Datenerhebung auf dieser Ebene, bei der der Einfluß sehr vieler anderer Variablen kontrolliert werden müßte, ist jedoch mit einem enorm großem Aufwand verbunden. Eine solche Untersuchung ist uns bisher nicht bekannt.

7. Diskussion

Das allgemeine Ziel von Supervisionsgruppen im Krankenhaus ist es, die Arbeitszufriedenheit, -motivation und -effektivität der Teammitglieder sicherzustellen und zu verbessern. Konflikte innerhalb des Stationsteams werden häufig als noch belastender empfunden als Schwierigkeiten, die sich im Umgang mit Patienten ergeben können. Dies spiegelt sich in der Gewichtung der Themen in der Supervision wider.

Die Ergebnisse der geschilderten Prä/Post-Befragung der Supervisionsteilnehmer sind aufgrund der dargestellten methodischen Schwierigkeiten nicht generalisierbar. Nach wie vor ist die empirische Forschung zu Supervision im Krankenhaus allerdings noch so selten, daß auch Studien mit reduzierten methodischen Ansprüchen ihre Berechtigung in der Exploration des Feldes finden. Unsere Ergebnisse und die seit der Einführung des Dienstes am Freiburger Universitätsklinikum ständig gestiegene Nachfrage nach Supervision belegen, daß der Dienst den Erwartungen der Konsumenten entspricht. Den Einschätzungen von Vorgesetzten zufolge hat sich die Supervision auch im Rahmen der Bemühungen um Qualitätssicherung und -verbesserung in der Pflege als ein hilfreiches Instrument erwiesen.

Literatur:

Galuschka, L., Hahl, B., Neander, K.D., Osterloh, G. (1993). *Die Zukunft braucht Pflege.* Berlin: Mabuse Verlag.

Grusdat, M., Wolters, P., Domscheit, S., Robert-Bosch-Stiftung (1993). *Pflegeförderung: zur Situation in der Bundesrepublik Deutschland.* Gerlingen: Bleicher

Bermejo, I & Muthny, F.A. (1993). „Burnout" und Bedarf an psychosozialer Fortbildung und Supervision in der stationaren Altenpflege. *Psychother-Psychosom-Med-Psychol.* 43, 110-20.

Schaub, A. (1994). *Supervision im Krankenhaus.* Vortrag, Innsbruck

Schmeling-Kludas, C. (1993). *Die Arzt-Patient-Beziehung im Stationsalltag.* Weinheim: VCH Verlagsgesellschaft

Schreyögg, A. (1991). *Supervision – ein integratives Modell. Lehrbuch zu Theorie und Praxis.* Paderborn: Junfermann

Weyermann, U. (1990). Die Arbeitssituation des Pflegepersonals – Strategien zur Verbesserung. In: *Pflege, Schweizer Berufsverband der Krankenschwestern und Krankenpfleger*, Band 3 S.119-130 Bern:

Anhang: Supervisionsfragebogen

An die Teilnehmer/innen der Supervisionsgruppen

Ziel unserer Fragen an Sie ist es, herauszufinden, inwieweit Ihre Teilnahme an der Supervisionsgruppe Ihre berufliche Zufriedenheit und Ihre Tätigkeit beeinflußt.

Wir fragen Sie deshalb zunächst nach allgemeinen **Belastungen**, mit denen Sie in Ihrem Beruf konfrontiert sind. Bitte teilen Sie uns auch mit, welche **Ziele** und **Erwartungen** Sie mit der Supervision verbinden.

Nach Abschluß der Gruppe werden wir Sie wieder danach fragen, inwieweit die Gruppe Ihre Ziele und Erwartungen erfüllt hat.

Bei einer Befragung von Pflegepersonal nach **beruflich belastenden Situationen** wurden die im folgenden aufgeführten Belastungen häufig genannt.

Bitte kreuzen Sie im einzelnen an, **wie häufig** Sie selbst in Ihrer jetzigen Tätigkeit mit Schwierigkeiten in diesen Bereichen zu tun haben.

1. – Probleme beim Einfinden in die Rolle des/der examinierten Krankenpflegers/-schwester
( ) gar nicht   ( ) selten   ( ) manchmal   ( ) häufig   ( ) sehr häufig
2. – vorgesetzte Pflegedienstleitung, vorgesetzte Bereichsleitung
( ) gar nicht   ( ) selten   ( ) manchmal   ( ) häufig   ( ) sehr häufig
3. – Arbeitsklima und Zusammenarbeit mit übrigen Berufsgruppen im Krankenhaus, z.B. Stationsärzte, MTA's
( ) gar nicht   ( ) selten   ( ) manchmal   ( ) häufig   ( ) sehr häufig
4. – Selbstbewußtsein
( ) gar nicht   ( ) selten   ( ) manchmal   ( ) häufig   ( ) sehr häufig
5. – Ethische und moralische Gewissenskonflikte bei der Patientenbetreuung
( ) gar nicht   ( ) selten   ( ) manchmal   ( ) häufig   ( ) sehr häufig
6. – Arbeitsklima im Pflegeteam auf der Station
( ) gar nicht   ( ) selten   ( ) manchmal   ( ) häufig   ( ) sehr häufig
7. – Schwierigkeiten beim Finden der eigenen Rolle
( ) gar nicht   ( ) selten   ( ) manchmal   ( ) häufig   ( ) sehr häufig
8. – schlechte Einarbeitung auf neuer Station oder in einer veränderten Position
( ) gar nicht   ( ) selten   ( ) manchmal   ( ) häufig   ( ) sehr häufig
9. – hohen Arbeitsanfall, der mit zu wenig oder nicht ausreichend qualifiziertem Personal bewältigt werden muß
( ) gar nicht   ( ) selten   ( ) manchmal   ( ) häufig   ( ) sehr häufig
10. – Übertragen der Probleme und Krankheiten der Patienten auf sich selbst
( ) gar nicht   ( ) selten   ( ) manchmal   ( ) häufig   ( ) sehr häufig

Teil 2: Praxis der Supervision im Klinikkontext

11. – Unsicherheit im Gespräch und im Umgang mit (sterbenden) Patienten
( ) gar nicht   ( ) selten   ( ) manchmal   ( ) häufig   ( ) sehr häufig
12. – Schwierigkeiten mit der Stationsleitung
( ) gar nicht   ( ) selten   ( ) manchmal   ( ) häufig   ( ) sehr häufig
13. – eine Störung des Privatlebens, da die Probleme am Arbeitsplatz mit „nach Hause" genommen werden
( ) gar nicht   ( ) selten   ( ) manchmal   ( ) häufig   ( ) sehr häufig
14. – vorgesetzte Ärzte (Oberarzt, Chefarzt)
( ) gar nicht   ( ) selten   ( ) manchmal   ( ) häufig   ( ) sehr häufig
15. – Organisatorische Bedingungen, z.b. bauliche Rahmenbedingungen
( ) gar nicht   ( ) selten   ( ) manchmal   ( ) häufig   ( ) sehr häufig
16. – Auswirkung des eigenen Berufsbildes auf die Arbeit und der gesellschaftliche Stellenwert des Pflegeberufs
( ) gar nicht   ( ) selten   ( ) manchmal   ( ) häufig   ( ) sehr häufig
17. – starke körperliche Beanspruchung
( ) gar nicht   ( ) selten   ( ) manchmal   ( ) häufig   ( ) sehr häufig
18. – Arbeitszeiten im Krankenhaus
( ) gar nicht   ( ) selten   ( ) manchmal   ( ) häufig   ( ) sehr häufig
19. – Scheitern bei Versuchen, auf der eigenen Station etwas zu verändern
( ) gar nicht   ( ) selten   ( ) manchmal   ( ) häufig   ( ) sehr häufig
20. – Probleme mit Angehörigen der Patienten
( ) gar nicht   ( ) selten   ( ) manchmal   ( ) häufig   ( ) sehr häufig
21. – Probleme beim Erkennen und Umgang mit seelischen Störungen von Patienten
( ) gar nicht   ( ) selten   ( ) manchmal   ( ) häufig   ( ) sehr häufig

Von der Supervisionsgruppe erhoffe ich das Aufzeigen von Lösungsmöglichkeiten und Veränderungswegen in folgenden Bereichen:

22. – Arbeitsorganisation
( ) gar nicht   ( ) selten   ( ) manchmal   ( ) häufig   ( ) sehr häufig
23. – Zusammenarbeit und Arbeitsklima im Pflegeteam
( ) gar nicht   ( ) selten   ( ) manchmal   ( ) häufig   ( ) sehr häufig
24. – Zusammenarbeit und Arbeitsklima mit Ärzten
( ) gar nicht   ( ) selten   ( ) manchmal   ( ) häufig   ( ) sehr häufig
25. – Beziehung zu Patienten und Angehörigen
( ) gar nicht   ( ) selten   ( ) manchmal   ( ) häufig   ( ) sehr häufig
26. – eigenes berufliches Selbstverständnis
( ) gar nicht   ( ) selten   ( ) manchmal   ( ) häufig   ( ) sehr häufig

Herzlichen Dank für Ihre Mitarbeit!

Das Salzburger Modell: Externe Supervisoren als Team im Krankenhaus

Hermann Widauer

Die Landeskrankenanstalten Salzburg zählen als Zentralkrankenhaus mit 1400 Krankenbetten, 3300 Beschäftigten und einem Jahresbudgetaufkommen von ca. 360 Mio. DM zu den 200 größten Wirtschaftsunternehmen Österreichs. 6 Fachabteilungen und 11 Sonderaufträge (Departments) sind für die stationäre medizinische Basisversorgung der Landeshauptstadt Salzburg und einem Einzugsgebiet von ca. 500.000 Menschen verantwortlich. In dieser großen Organisation wird Supervision für Krankenhausmitarbeiter aller Berufsgruppen seit 1990 als Projekt mit einem Team, bestehend aus zur Zeit 8 qualifizierten SupervisorInnen, angeboten.

Zur Vorgeschichte und Chronologie des Projektes:

Da Aufträge, Verläufe, Mißerfolge oder Erfolge von Projekten oft nur mit Wissen der Umstände, die zum Projektauftrag geführt haben, verständlich sind, sollen diese im Rückblick einer eingehenden Betrachtung und Analyse unterzogen werden.

1982 erschien in der Salzburger Lokalpresse ein kritischer Leserbrief eines Arztes, der nach 12jähriger ärztlicher Tätigkeit an den Landeskrankenanstalten Salzburg diese heftig kritisierte, da unter anderem Patienten nicht entsprechend aufgeklärt und informiert werden würden. In einer ersten Reaktion schottete sich das Krankenhaus gegen „diesen Nestbeschmutzer" ab und wies jede Kritik entrüstet von sich. Von der zuständigen Ärztekammer wurde gegen diesen Arzt eine Disziplinaranzeige erwogen.

In weiterer Folge wartete das Krankenhaus mit Statistiken ausschließlich positiver Patientenbefragungen auf und erteilte an ein Universitätsinstitut eine zeit- und kostenaufwendige organisationsdiagnostische Studie (Forschungsinstitut für Organisationspsychologie der Universität Salzburg, 1987), die jedoch ohne Konsequenzen blieb.

Der kritische Arzt wurde in der Organisation Krankenhaus als „Sündenbock" isoliert, während er in der Öffentlichkeit, vor allem bei ehemaligen

PatientInnen dieses Krankenhauses breite Untersützung erhielt und als besonders mutig und engagiert galt, da er es als Arzt wagte, sich über Mängel der Organisation Krankenhaus in der Öffentlichkeit zu äußern.

Sehr zum Mißfallen der damaligen politischen Verantwortlichen und Krankenhausbetreiber wurde eine „Aktionsgruppe Humanes Krankenhaus" (AHK), der auch dieser Arzt angehörte, gegründet. Diese Gruppe erreichte durch enorme Präsenz in der Öffentlichkeit und in den Medien die Installierung einer „Modellstation" in diesem Krankenhaus mit dem Ziel, theoretisch erarbeitete Verbesserungsvorschläge in der Praxis zu erproben.

1985 erhielt ich vom ärztlichen Leiter des Krankenhauses den Auftrag, das Team der Modellstation – dafür wurde eine chirurgische Station ausgewählt – zu beraten. Begriffe wie Supervision, Moderation oder Coaching waren damals noch nicht gebräuchlich.

Obwohl ich mich in Gesprächen mit dem ärztlichen Leiter sehr um die Formulierung eines konkreten Auftrages bemühte, erhielt ich diesen nicht, stattdessen wurde mir in der Vorgangsweise viel Freiraum eingeräumt. Im Verlaufe der 3jährigen Arbeit auf der Modellstation erwies sich jedoch dieser Freiraum als Crux, da durch ihn die mangelhafte Auftragsformulierung und meine unklare Rolle nicht ausgeglichen werden konnten.

Aufgrund dieser Umstände übernahm ich die mir zugedachten Rollen eines Supervisors, Beraters oder Moderators von Teambesprechungen und fand mich schon nach kurzer Zeit, gemeinsam mit dem Team in der defensiven Routine des Stationsgeschehens verstrickt. Nur mit großer Anstrengung und Unterstützung durch eine Einzelsupervision gelang eine Lockerung dieser Verstrickung. Allerdings erschwerten bis zuletzt diese ungünstigen Voraussetzungen die Arbeit auf der Modellstation.

Nach Rücksprache mit dem Chefarzt dieser chirurgischen Abteilung, dem zuständigen Oberarzt dieser Station und dem Personal wurden Teambesprechungen, an denen der Oberarzt, nachgeordnete Ärzte und das Pflegepersonal teilnehmen sollten, in 14tägigem Abstand in der Dauer von jeweils 100 Minuten vereinbart.

Als konkrete Ziele wurden festgelegte Visitenzeiten, flexible Besuchs- und individuelle Weckzeiten für Patienten, eine permanente Aufklärung und Information über diagnostische und therapeutische Maßnahmen durch einen, allen Patienten dieser Station bekannten Ansprecharzt vereinbart. Im Laufe dieser moderierten Teambesprechungen verpflichtete sich das Personal grundsätzlich, Gespräche über Patienten außerhalb der Krankenzimmer zu führen.

In regelmäßigen Abständen wurden Vertreter der Aktionsgruppe Humanes Krankenhaus auch im Beisein von Mitarbeitern der Modellstation über den Fortgang der Arbeit informiert.

Zusätzlich wurde immer gemeinsam mit Vertretern des Teams der Modellstation in krankenhausinternen Fortbildungen und Informationsveranstaltungen sowie in der Öffentlichkeit und der lokalen Presse über die Modellstation berichtet. Dies hatte zur Folge, daß die Landeskrankenanstalten Salzburg aus den negativen Schlagzeilen gerieten und der Aktionsgruppe Humanes Krankenhaus der Wind aus den Segeln genommen wurde. Nach drei Jahren Tätigkeit auf der Modellstation, bei der ich sehr viel Einblick und Feldkompetenz in die Organisation Krankenhaus erhielt, beendete ich 1988 diese Arbeit mit einem ausführlichen Bericht (Widauer, 1988) und einem Konzept über die Einführung der Supervision in ein Krankenhaus. Dieses Konzept stellte ich zuständigen Gesundheitspolitikern, dem Vorstand und dem Träger des Krankenhauses zur Verfügung. 1989 wurde das Konzept, Supervision in Form eines 5jährigen Projektes in dieses Krankenhaus einzuführen, genehmigt (Widauer, 1994).

Projektbeschreibung:

Im Projekt: „Supervision an den Landeskrankenanstalten Salzburg" werden die Rollen des
- a) Auftraggebers
- b) Projektleiters
- c) das Team der externen Supervisoren
- d) der Supervisanden
- e) Vorgangsweise und Organisation der Supervisionen und
- f) des externen Projektberaters klar unterschieden.

a) Die Auftraggeber:

Als primärer Auftraggeber fungierte der Vorstand des Krankenhauses, der aus dem ärztlichen Direktor, dem Verwaltungsdirektor und der Pflegedirektorin bestand. In ausführlichen Gesprächen mit dem Projektleiter wurden die Projektziele, die Bereitstellung der dafür notwendigen finanziellen Mittel, der Modus der Honorarabrechnung, die Projektdokumentation, Wünsche, Vorbehalte und Befürchtungen im Zusammenhang mit dem Angebot der Supervision im Krankenhaus diskutiert.

Als sekundäre Auftraggeber und Unterstützer für das Projekt konnten der zuständige Gesundheitspolitiker, Verwaltungsbeamte der Salzburger Landesregierung, der Betriebsrat und der Betriebsratsobmann gewonnen werden. Den Auftraggebern war nach den Erfahrungen mit der Aktionsgruppe Humanes Krankenhaus, den Patienteninitiativgruppen und den Ereignissen im Krankenhaus Lainz im April 1989[1] das Angebot von Supervision im Krankenhaus ein Anliegen, wenngleich auch aus unterschiedlichen Motiven.

Allen Auftraggebern gemeinsam war, daß sie über Supervision, den notwendigen Voraussetzungen zum sinnvollen Einsatz, realistischen Erwartungen der Auswahl und Qualifikation von Supervisoren und vieles mehr kaum Kenntnis hatten. Aus diesem Grund wandte der Projektleiter zu Beginn des Projektes sehr viel Zeit für Informationsgespräche mit den Auftraggebern und Informationsveranstaltungen für Krankenhausmitarbeiter auf. So wurden im ersten Jahr des Projektes insgesamt 185 Gespräche geführt. Diese sicherlich sehr aufwendige Informationsstrategie wurde jedoch durch große Unterstützung und Vertrauen der Auftraggeber für Anliegen der Supervision belohnt. Ein weiterer Vorteil dieser Informationskampagne bestand darin, daß aus vielen anfänglichen Verhinderern der Supervision Befürworter mit realistischen Erwartungen wurden, die zugleich den Mut aufbrachten, Strukturen und Arbeitsabläufe der Organisation Krankenhaus einmal grundsätzlich in Frage zu stellen. Durch die Information und Einbeziehung der Auftraggeber von Beginn an konnten gemeinsam realistische Projektziele formuliert werden.
Es waren dies:
– Verbesserung der Organisation und Zusammenarbeit im Team und mit anderen Abteilungen
– Verbesserung der Arbeitsplatzatmosphäre
– Förderung der Kommunikation und Akzeptanz zwischen Mitarbeitern und verschiedenen Berufsgruppen
– Förderung der Eigenverantwortung und des patientenorientierten Handelns

Die Auftraggeber konnten auch davon überzeugt werden, daß der Begriff „Supervision im Krankenhaus" – dies trifft nach unserer Auffassung auch für alle großen Organisationen zu – weiter zu fassen ist und sich nicht nur auf den einzelnen Mitarbeiter oder einem isolierten Team ohne die Gesamtorganisation einzubeziehen, beschränken sollte.

---

[1] Am 7.4.1989 wurde im Wiener Krankenhaus Lainz eine Mordserie an betagten Patienten, begangen durch 4 Hilfsschwestern (Sanitätshilfsdienste), aufgedeckt.

b) Der Projektleiter:

Der Projektleiter ist als klinischer Psychologe und Psychotherapeut seit vielen Jahren zwar nicht an den Landeskrankenanstalten Salzburg, wohl aber in einem anderen, naheliegenden Krankenhaus desselben Trägers angestellt. Durch die Leitung der Modellstation und der Supervision von Stationsgruppen in anderen Krankenhäusern – diese Tätigkeit wurde über viele Jahre permanent supervidiert – konnte der Projektleiter Beratungs- und Feldkompetenz als Supervisor in Krankenhäusern erwerben.

Der Projektleiter hat vielfältige Aufgaben zu übernehmen. Neben der Auswahl der Supervisoren für das Projekt fungiert er als Drehscheibe wichtiger Informationen zwischen Auftraggebern, Krankenhausmitarbeitern und Interessenten an Supervision einerseits und den Projektmitarbeitern andererseits. Alle Wünsche, Anträge und Anfragen nach Supervision werden an die Projektleitung gerichtet und in mindestens 4 x jährlich stattfindenden Organisationsbesprechungen mit den Supervisoren diskutiert. Diese Vorgangsweise und Projektkonstruktion hat sich bisher gut bewährt, weil dadurch den Supervisoren der Rücken für ihre eigentliche supervisorische Arbeit freigehalten wird. So müssen Supervisoren nicht mehr aquirieren und befürchten, bei allfälligen Mißerfolgen keine Aufträge mehr zu erhalten.

Der Projektleiter, der in diesem Krankenhaus nicht als Supervisor tätig ist, informiert das Team der Supervisoren auch über alle wichtigen Belange des Krankenhauses. Er trägt gegenüber den Auftraggebern für das Supervisionsbudget in der Höhe von ca. 170.000 DM jährlich die Verantwortung. Ein- bis zweimal jährlich organisiert der Projektleiter zu aktuellen Themata der Krankenhaussupervision Fortbildungsveranstaltungen, Workshops und Klausuren unter Leitung von qualifizierten Referenten. Im Rahmen des Projekts wurden auf Wunsch einer Gruppe von Chefärzten Workshops mit dem Thema: „Der leitende Arzt – im Spannungsfeld zwischen Spezialist und Manager" organisiert. Einmal jährlich werden vom Projektleiter Informationsveranstaltungen, an denen die Projektmitarbeiter und leitende Berufsgruppenvertreter wie Chefärzte, Oberschwestern und Stationsschwestern teilnehmen, angeboten. In diesen Veranstaltungen werden die Projektziele überprüft und Projektaufträge erweitert und auf aktuelle Umstände und neuen Anforderungen abgestimmt. Eine weitere Aufgabe des Projektes besteht in der Dokumentation der durchgeführten Supervisionen.

Teil 2: Praxis der Supervision im Klinikkontext 117

c)   das Team der externen Supervisoren:

Da zu Projektbeginn 1990 keine ausreichende Zahl qualifizierter externer SupervisorInnen zur Verfügung stand, lud der Projektleiter schriftlich 70 möglicherweise qualifizierte Ärzte, Psychologen, Psychotherapeuten und Sozialarbeiter zu Projektinformationsveranstaltungen ein. Aus 27 InteressentInnen, die dazu erschienen, wählte der Projektleiter nach persönlichen und fachlichen Kriterien 13 (8 männliche und 5 weibliche) Projektmitarbeiter als SupervisorInnen aus. In der Auswahl wurde auf Teamfähigkeit, abgeschlossene berufliche Ausbildung, Selbsterfahrung als Supervisand und Tätigkeit als Supervisor in Organisationen geachtet. Zusätzlich wurde darauf Bedacht genommen, daß auch im Projektteam – wie im Krankenhaus auch – unterschiedliche Berufsgruppen repräsentiert sind. Alle Supervisoren sind als Ärzte, Psychologen oder Psychotherapeuten freiberuflich tätig und gegenüber dem Auftraggeber und der Organisation Krankenhaus unabhängig und nicht weisungsgebunden.

Die Supervisoren verpflichteten sich für eine 5jährige Projektmitarbeit, der Übernahme von mindestens 3 Supervisionsgruppen gleichzeitig und der Teilnahme an Organisationsbesprechungen und Fortbildungsveranstaltungen. Da alle Supervisoren freiberuflich tätig sind und sich in keinem Anstellungsverhältnis befinden, wird neben dem Honorar für die Supervisionstätigkeit (ca. DM 260 für 100 Minuten) auch eine Aufwandsentschädigung für die Teilnahme an Organisationsbesprechungen und Fortbildungsveranstaltungen (DM 100 für 60 Minuten) bezahlt. In den ca. 4 x jährlich stattfindenden Organisationsbesprechungen findet neben der Zuteilung neuer Supervisionsgruppen auch eine Intervision der Supervisoren in Kleingruppen, ohne externer Leitung und Anwesenheit des Projektleiters, statt. Diese Intervision in Kleingruppen dient der Unterstützung in schwierigen Phasen der Supervision und der Nutzung unterschiedlicher methodischer Ansätze und Ressourcen. Am Ende der Intervision findet ein Austausch der Kleingruppen unter Anwesenheit des Projektleiters statt.

d)   die Supervisanden:

Mit den Auftraggebern wurde vereinbart, daß für Krankenhausmitarbeiter die Teilnahme an der Supervision unentgeltlich ist. Findet die Supervision außerhalb der Dienstzeit statt, wird diese Zeit der Dienstzeit angerechnet.

Damit wurde schon zu Beginn des Projektes ein ab 1992 geltendes Bundesgesetz über die Regelung der Supervision in österreichischen Krankenanstalten vorweggenommen (Zitat: Bundesministerium für Gesundheit, Sport und Konsumentenschutz. GZ. 21.601/7-2/A/5/92. Bundesgesetz mit dem das Krankenanstaltengesetz geändert wird. Supervision § 11 e.)

(1). Die Träger der Krankenanstalten sind verpflichtet, durch geeignete Maßnahmen sicherzustellen, daß den in der Krankenanstalt beschäftigten Personen im Rahmen ihrer Dienstzeit im erforderlichen Ausmaß Gelegenheit zur Teilnahme an einer berufsbegleitenden Supervision geboten wird.

(2). Für die Supervision müssen geeignete, zur Führung der Berufsbezeichnung „Klinischer Psychologe" oder „Klinische Psychologin", „Gesundheitspsychologe" oder „Gesundheitspsychologin" oder auch „Psychotherapeut" oder „Psychotherapeutin" berechtigte Personen, die über eine mindestens 5jährige Berufserfahrung sowie eine entsprechende supervisorische Weiterbildung verfügen und nicht in dem Betrieb der Krankenanstalt eingebunden sind, zur Verfügung zu stehen."

e) **Vorgangsweise und Organisation der Supervisionen:**

Zur Beurteilung der Indikation und Organisation von immerhin ca. 30 ständig laufender Supervisionsgruppen hat sich im Projekt folgende Vorgangsweise bewährt:

Krankenhausmitarbeiter, die Interesse an der Teilnahmer einer Supervisionsgruppe haben, besprechen ihren Wunsch mit Arbeitskollegen, dem Team in dem sie arbeiten und ihrem unmittelbaren Dienstvorgesetzten. Anschließend wird ein kurzes formloses schriftliches Ansuchen gestellt, das den Namen der Station, Anzahl und Familiennamen der voraussichtlichen Teilnehmer, die Benennung eines Delegierten des Teams und seine telefonische Erreichbarkeit, der gewünschte Wochentag, die gewünschte Tageszeit und der Ort, an dem die Supervision im Krankenhaus stattfinden soll, enthält.

Diese Ansuchen werden über die jeweilige Berufsvertretung an den Projektleiter gesandt, der gemeinsam mit dem Projektteam die Ansuchen nach organisatorischen, fachlichen und persönlichen Kriterien diskutiert und dann den Supervisoren zuteilt. Anschließend nimmt der Supervisor Kontakt mit dem Delegierten der zukünftigen Supervisionsgruppe auf, um einen Termin für ein Erstgespräch zu vereinbaren.

Findet auf dieser Abteilung zum ersten Mal eine Supervisionsgruppe statt, nimmt der Projektleiter schriftlich Kontakt mit dem Chefarzt auf und

Teil 2: Praxis der Supervision im Klinikkontext

bietet diesem ein Informationsgespräch gemeinsam mit dem zukünftigen Supervisor an, um Fragen zur Supervision, Erwartungen, Ziele, Wünsche, Vorbehalte und organisatorische Abläufe zu besprechen. Erst nach diesem Gespräch mit dem Chefarzt nimmt der Supervisor Kontakt zum Team auf. Das Gespräch mit dem leitenden Chefarzt vor Beginn der Supervision und in größeren regelmäßigen Abständen ca. 1 bis 2 mal jährlich – dann allerdings grundsätzlich nur unter Teilnahme des Delegierten der Supervisionsgruppe – fördert die Organisationsbezogenheit der Supervision und ermöglicht eine Feinabstimmung von Supervisionszielen. Da in vielen Fällen wegen mangelnder Bereitschaft der Supervisanden zeit- und kostenaufwendige Evaluationsuntersuchungen nicht möglich sind, bieten diese Feedbackschleifen zwischen verantwortlichem Leiter, Supervision und Supervisor eine praktikable Maßnahme zur Sicherung der Qualität der Supervision in großen Organisationen. Im Erstgespräch werden nach einer ausführlichen Diskussion mit den zukünftigen Supervisanden alle zur Durchführung einer Supervision wichtigen Vereinbarungen verbindlich. Selbstverständlich kann nach dem Erstgespräch die Supervisionsgruppe den Supervisor oder dieser den Supervisionsauftrag ablehnen. Dies ist aber in der nunmehr 7jährigen Projektarbeit kaum geschehen. Im Erstgespräch oder den nachfolgenden Terminen klärt der Supervisor, ob und in welcher Form Supervision indiziert ist.

Im Rahmen des Projektes werden offene Stationsgruppensupervisionen – daran nehmen interessierte Mitarbeiter aller Berufsgruppen teil – und Teamsupervisionen – hier ist die verpflichtende Teilnahme des gesamten Teams Voraussetzung – angeboten. Zusätzlich werden stationsübergreifende Berufsgruppensupervisionen durchgeführt. Diese sind z.B. adressiert an Pflegepersonal oder Schreibkräfte miteinander kooperierender Stationen und offene Supervisionsgruppen für Krankenhausmitarbeiter aller Berufe, die keine andere Möglichkeit haben, an einer Supervision teilzunehmen. Selbstverständlich ist nach entsprechender Abklärung des Supervisionsauftrages die Teilnahme an Fallsupervisionsgruppen möglich. Wenn sich im Verlauf einer Supervision herausstellen sollte, daß Teamkonflikte darin ihre Ursachen haben, weil der an der Supervision teilnehmende Leiter – meist handelt es sich um die Stationsschwester oder den stationsführenden Arzt – ihre Leitungsaufgaben nicht entsprechend wahrnehmen, bietet der Supervisor – mit Wissen aller Teilnehmer – dem Leiter eine Leitungsberatung (Coaching) im Ausmaß von maximal 10 Terminen außerhalb der Supervisionsgruppe an.

Da die Erfahrung in vielen Supervisionsgruppen gezeigt hat, daß es leitendem Personal im Beisein ihrer Mitarbeiter schwer fällt, ihre Arbeitsprobleme anzusprechen, wird eine offene Supervisionsgruppe, die Anleitung und Beratung von Führungskräften bei Leitungsaufgaben zum Thema hat, angeboten.

Diese unterschiedlichen Angebotsprofile verhindern ein Absorbieren des Supervisors in undefinierte Themata und Supervisionsziele. Diese Unterteilung in unterschiedliche Supervisionsangebote hat sich in der bisherigen Projektarbeit auch deshalb gut bewährt, weil dadurch Supervisor und zukünftige Supervisionsteilnehmer zu Beginn eine kritische Diskussion über realistisch erreichbare Ziele, Erwartungen, Frequenz und Anzahl der Supervisionstermine führen. Das Klären dieser Fragen vor Beginn der eigentlichen Supervision bietet die Möglichkeit der Festlegung von Qualitätsmerkmalen und ist neben der eingebauten Feedbackschleife – zwischen verantwortlichem Leiter, Delegiertem der Supervisionsgruppe und Supervisor – ein wertvolles Instrument der Qualitätssicherung der Supervision und Erfolgskontrolle gegenüber dem Auftraggeber. Supervisionen finden in 14tägig bis 3wöchentlichen Abständen statt, wobei es sich bewährt hat, in schulfreien Zeiten keine Supervisionsgruppen durchzuführen.

f) **die externen Projektberater:**

Im Projektkonzept ist die Unterstützung durch externe Projektberater die dem Supervisorenteam und dem Projektleiter gemeinsam für spezielle Fragen und wichtige Themata der Krankenhaussupervision zur Verfügung stehen, vorgesehen. In workshopähnlichen Veranstaltungen, ca. 1 x jährlich in der Dauer von 1 bis 2 Tagen, soll der externe Projektberater als Fachpromotor die Arbeitsfähigkeit des Supervisorenteams unterstützen, die Analyse und die Reflexion der supervisorischen Tätigkeiten ermöglichen, fachlichen Stimulus geben und die Voraussetzung für Konzeptentwicklung schaffen. Diese regelmäßigen Standortbestimmungen unter externer Beratung haben die Kompetenz des Projektteams und des Projektleiters für Krankenhaussupervision erhöht und die Entwicklung neuer Ansätze einer speziellen Krankenhaussupervision, die auf organisationsspezifische Umstände Rücksicht nimmt, gefördert.

Daten aus dem Projekt (Költringer, 1996)**:**

Alle Supervisoren im Projekt sind verpflichtet, nach jeder Supervision harte, selbstverständlich nicht der Verschwiegenheit unterliegende Daten zu

erfassen. Mit diesem Protokollbogen werden u.a. Zahl, Zeit, Dauer und Ort der Supervisionen, Anzahl der Teilnehmer nach Berufsgruppen aufgeschlüsselt erfaßt. Nach einem Vorschlag von R. Cohn (1969/70) werden vom jeweiligen Supervisor die Supervisionsthemata zugeordnet und in Prozenten geschätzt, in:
- Einzelsupervision (Ich-Thema)
- Gruppensupervision (Wir-Thema)
- Sachthemen (Es-Thema) und
- institutionelle Themata (Globe-Thema)

In 5 Jahren von 1990 bis Ende 1994 wurden auf 23 Stationen insgesamt 1045 Supervisionssitzungen durchgeführt. Die kürzeste Supervision betrug 4, die längste 151 Sitzungen. Nach R.Cohn nahmen das Thema Einzelsupervision 24,9 %, Gruppensupervision 46 %, Sachthemen 14,9 % und institutionelle Themen 11,3 % der Zeit in Anspruch. Bei 1045 Supervisionssitzungen kam es zu 3475 Entschuldigungen, das sind 3,3 Entschuldigungen pro Supervisionssitzung und zu 1954 Abwesenheiten ohne Angabe von Gründen, das sind 1,87 Teilnehmer pro Sitzung. 1321 mal kamen neue Supervisanden in die Supervisionssitzungen, das sind im Durchschnitt 1,3 Personen pro Sitzung. Zur ersten Supervisionssitzung haben sich 467 Personen angemeldet, tatsächlich teilgenommen haben 391, davon 353 weibliche und 38 männliche Personen.

Darunter waren: 27 Ärzte (9 Oberärzte, 1 Facharzt, 25 Assistenzärzte), 330 Diplompflegepersonal, 32 Sanitätshilfsdienste und 2 Schülerinnen.

Diskussion der Projektergebnisse:

In dem nun seit 7 Jahren laufenden Projekt: „Supervision an den Landeskrankenanstalten Salzburg" hat sich der Einsatz eines Teams von Supervisoren bewährt. Durch die regelmäßige Intervision der Supervisoren, Reflexion der Projektarbeit unter externer Leitung und einen permanenten fachlichen Austausch im Supervisorenteam war eine Entwicklung von traditioneller Supervision zu einer speziellen Krankenhaussupervision möglich. Diese Entwicklung neuer Ansätze wäre Supervisoren, wenn sie als Einzelpersonen tätig gewesen wären, kaum möglich gewesen.

Wie Vergleiche mit anderen Krankenhäusern zeigen, befinden sich Supervisoren als Einzelkämpfer in großen Organisationen oft auf verlorenem Posten. Supervision dient dann oft nur mehr als Methode zur Balance unzeitgemäßer Organisationsstrukturen. Bei einzelnen Supervisoren ist die Gefahr, daß sie, wie die Supervisanden auch, früher oder später Opfer der institutionellen Konflikte werden, wesentlich größer als dies bei einem Team von Supervisoren der Fall ist. Wird Supervision in großen Organisationen jedoch als Projekt mit einem Team von Supervisoren angeboten, ist das Vertrauen und die Akzeptanz der Auftraggeber, für diese im Krankenhaus noch in vielen Fällen unbekannte Dienstleistung, größer.

Ein Projektleiter, der selber nicht als Supervisor tätig ist, kann für diese Dienstleistung besser werben und mit dem Auftraggeber notwendige Voraussetzungen verhandeln, als dies einem potentiellen Supervisor möglich wäre. Supervision in Krankenhäusern sollte nach den bisherigen Projekterfahrungen nur unter ständiger Einbeziehung der Auftraggeber durchgeführt werden. Dieser Ansatz verhindert einerseits ein zu starkes Fokussieren und Psychologisieren auf Einzelpersonen oder Gruppenprozesse unter Vernachlässigung der Organisationsrealität. Andererseits entstehen durch diese Einbeziehung Feedbackschleifen, die als wertvolles Instrument der Qualitätssicherung eingesetzt werden können. Selbstverständlich werden in den Rückmeldungen an den Auftraggeber keine persönlichen und intimen Details aus der Supervisionsgruppe mitgeteilt. Gespräche zwischen Auftraggebern, Vorgesetzten und Supervisor finden grundsätzlich nur gemeinsam mit dem Delegierten der Gruppe und im Beisein des Projektleiters statt. Wenn im Supervisionskonzept die Einbeziehung der Auftraggeber unter Berücksichtigung der Organisationsrealität vorgesehen ist, kann der Supervisor aktiver sein und er wird nicht so rasch in die defensive Routine, in der sich sein Klientensystem, die Supervisanden befinden, gedrängt. Unter diesen Voraussetzungen muß der Supervisor nicht nur harmonisieren, sondern er erhält mehr Tätigkeitsspielraum. Der Supervisor wird so zum Schnittstellenmanager zwischen Störung und Harmonisierung.

Die Chance, daß damit Veränderungen und Entwicklungen induziert werden, ist wesentlich größer, als wenn Supervision als Methode zur Balance fraglicher Organisationsstrukturen und Stabilisierung unangemessener und unzeitgemäßer Organisationsbedingungen eingesetzt wird.

Supervisionsangebote im Krankenhaus können fehlende Mitarbeitergespräche und Teamsitzungen, schlechtes Management, Führungsschwächen von Vorgesetzten und strukturelle Leitungsdefizite nicht ersetzen. Im günstigeren Fall können in der Supervision diese Mängel als Ursachen vieler Konflikte erkannt und gemeinsam mit den betroffenen Mitarbeitern und ihren Leitern Maßnahmen zur Behebung erarbeitet werden. Ohne Einbeziehung des Auftraggebers werden Veränderungen jedoch kaum möglich sein. Langfristige Supervisionen ohne Zielorientierung fördern die

Abhängigkeit und Passivität der Supervisanden und verhindern eine autonome Selbstorganisation bei arbeitsplatzbezogenen Krisen. Regelmäßige und langfristige Supervisionen bergen die Gefahr, daß Supervisoren unersetzbare heimliche Leiter werden und dadurch die realen Leiter in ihrer Funktion entwerten und in Frage stellen. Zusammenfassend lassen sich aus der bisherigen Projektarbeit folgende Schlüsse für die Supervision im Krankenhaus ziehen:

1. Krankenhaussupervisoren müssen Beratungs- und Feldkompetenz haben.
2. Auftraggeber des Supervisors im Krankenhaus ist die Organisationsleitung und nicht die Supervisionsgruppe.
3. Auftraggeber und Supervisor sollten zu Beginn ein ausführliches Gespräch führen über: Ziele, Erwartungen, Vorbehalte, Häufigkeit, Dauer der geplanten Supervisionssitzungen, etc.
4. In größeren Abständen, ca. 2 x jährlich, sollte der Supervisor im Beisein eines Delegierten der Supervisionsgruppe mit dem Auftraggeber ein Gespräch über grundsätzliche Fragen zur Supervision, selbstverständlich unter Wahrung der Verschwiegenheit, führen.
5. Stationsorientierte (Kerngruppen) Supervisionsgruppen sollten – zumindest phasenweise – durch die Einbeziehung kooperierender Mitarbeiter des stationären Umfeldes erweitert werden.
6. Wenn leitendes Personal Probleme mit Führungsaufgaben hat, sollte Einzelsupervision oder Coaching, dann allerdings mit Wissen aller Teilnehmer der Supervisionsgruppe – sofern der Leiter selbst Teilnehmer der Supervisionsgruppe ist – angeboten werden.
7. Wenn in einem Krankenhaus mehrere Supervisoren tätig sind, sollte die Organisationsleitung dafür sorgen, daß sich die Supervisoren zu einem Erfahrungsaustausch treffen. Zusätzlich würde es sich empfehlen, gemeinsam mit der Organisationsleitung Informationsgespräche zu führen.
8. Regelmäßige Treffen von Supervisoren, die im gleichen Krankenhaus tätig sind, zu einer Intervision fördert die Kompetenz und Professionalität durch:
   - gegenseitige Stützung in schwierigen Situationen
   - Nutzung unterschiedlicher methodischer Ansätze
   - konzertantes Vorgehen durch gemeinsame Zielformulierung.

Literatur

Forschungsinstitut für Organisationspsychologie der Universität Salzburg (1987). *Organisationsdiagnostische Studie über das Salzburger Landeskrankenhaus (St. Johannsspital).* Forschungsinstitut für Organisationspsychologie der Universität Salzburg (Vorstand: Univ.Prof. Dr. E. Roth. Juni).

Widauer, H. (1988). Die Bedeutung der Supervision für Institutionen und ihre Mitarbeiter am Beispiel von Veränderungen des Arbeitsklimas auf einer Station im Krankenhaus. In: *Supervision aus sytemischer Sicht.* Hannes Brandau Hrsg. Otto Müller Verlag Salzburg.

Widauer, H. (1994). Institutionssupervision durch ein Team von Supervisoren. Projekt Supervision im Krankenhaus. *Forum Supervision*, 2, Heft 4, 97-110.

Költringer, G.W. (1996) *Supervision im Krankenhaus: Zwischen traditioneller Supervision und Organisationsentwicklung.* Diplomarbeit zur Erlangung des Magistergrades an der naturwissenschaftlichen Fakultät der Universität Salzburg.

Cohn, R.C. (1969/70). Von der Psychoanalyse zur themenzentrierten Interaktion. Das Thema als Mittelpunkt interaktioneller Gruppen. *Gruppenpsychotherapie und Gruppendynamik 3.*

Evaluation von Stationsteam-Supervision in der Inneren Medizin

Andreas Werner & Christoph Hennch

Einleitung

Die Kooperation der verschiedenen Berufgruppen und damit verbunden die Integration vielfältiger methodischer Ansätze in der stationären internistischen Krankenversorgung ist eine der Aufgaben und Ziele gewesen, die sich Hahn und Mitarbeiter in den 70er Jahren beim Aufbau eines Stufenmodells klinischer Psychosomatik in der Medizinischen Universitätsklinik Heidelberg vornahmen (Hahn, Petzold & Drinkmann, 1991).

Die zahlreichen Erfahrungen aus analytischer und systemischer Sicht in Therapie und Ausbildung, die Weiterentwicklung der Balintgruppenarbeit im ambulanten und stationären Setting führten zur Entwicklung einer speziellen Stationsteamsupervision. Diese wurde lange Zeit auch „Stationsbalint" genannt.

Stationsteamsupervision wurde 1979 auf zwei internistischen Stationen der Abteilung Innere Medizin II eingeführt und besteht bis heute mit wenigen Modifikationen.

Ende der 80iger Jahre entwickelte sich aus materiellen wie auch inhaltlichen Erfordernissen eine Neuorientierung der Krankenversorgung .

Die grundlegenden Änderungen der Aufgaben und Probleme ließen den Ruf nach geigneten übergreifenden Konzepten lauter werden. Die Sensibilisierung sowohl für Fragen der Qualitätssicherung in der Krankenhausversorgung (patientenorientierte Versorgung, Effektivität und Kostenökonomie) sowie der Gesundheit und Motivation der Mitarbeiter, führte zur Forderung nach neuen Formen der Personalentwicklung, Gesundheitsförderung und Kooperation im Krankenhaus. Das Auseinanderdriften der verschiedenen Berufsgruppen und Disziplinen durch die Verfeinerung von Diagnostik und Therapie und die damit verbundene neue Unübersichtlichkeit und vielfach auch Unverständlichkeit bis hin zur Sprachlosigkeit zeigte sich am deutlichsten in der konkreten und direkten Arbeit am und mit dem Patienten, im Stationsalltag.

Hier entwickelten sich in den Teams Frustrationen, Verwerfungen zusammen mit einem tiefgreifenden Unbehagen, den Überblick verloren zu haben.

Neben diesen eher defizitären Motiven kamen neue mit dem Schlagwort „Professionalisierung" verbundene Tendenzen hinzu. Pflegerisches und ärztliches Handeln ohne psychosoziale Kompetenz erschien den Forderungen nach patientenorientierter Medizin nicht mehr gerecht zu werden.

Aus den praktischen Erfahrungen mit der Stationsteamsupervision und den Mitteilungen der Stationsteammitglieder wurde der Wunsch laut, auch auf internistischen Stationen anderer Abteilungen diese Stationsteamsupervision einzuführen.

Dies konnte in einer Vorstudie ohne finanzielle Hilfe und damit ohne weitergehende Evaluation in den Jahren 1991/92 geschehen. Als Ergebnis konnte festgestellt werden, daß das angebotene Konzept akteptiert wurde und sich in den Stationsalltag integrieren ließ.

Dieser Anfangserfolg führte zu der Frage, welche Erwartungen und Effekte mit der Stationsteamsupervision verbunden sind.

Konzeption und Zielsetzungen des Projekts Stationsteam-Supervision

Es handelt sich ausdrücklich um ein an den Ressourcen des jeweiligen Teams orientiertes Konzept mit einem Schwerpunkt auf der psychosomatischen Kompetenzerweiterung. Es berücksichtigt die besonderen Verhältnisse internistischer Stationen in der Medizinischen Universitätsklinik.

Die Stationsteam-Supervision wird durch einen ausgebildeten Supervisor (Ausbildung in Balintgruppenleitung) mit ausreichender Feldkompetenz durchgeführt.

Einmal in der Woche für eine Stunde nach der Mittagsübergabe trifft sich das gesamte Stationsteam. Der Ort ist das Stationszimmer mit all seinen störenden Einflüssen. Gerade im Stationszimmer gemeinsam an der Stationsteamsupervision teilzunehmen bedeutet schon, sich einen Freiraum erkämpft zu haben. Dies ist ein nicht zu unterschätzendes Plus in der Bedeutung der Stationsteamsupervisionsarbeit.

Neben Pflegeteam, StationsärztInnen und Oberarzt/ärztin sind es auch KrankengymnastInnen und SozialarbeitInnen sowie PsychologInnen, die dazugehören.

Die Methode ist tiefenpsychologisch orientiert. Es geht um die Arbeitsbeziehungen eines Teams. Sie ist ausdrücklich kein Ort für direkte Selbsterfahrung. Vorwiegend geht es um die beschreibende Klärung der Beziehung zwischen Team und Patient in einer freien, offenen und freundlichen Atmosphäre, in der „frech" gedacht und gesprochen werden kann. Anders als in der klassischen Balintgruppe ist der Realitätsbezug höher und das spekulative Element (Phantasiephase) geringer (Petzold 1984). In der Regel kennen alle Teammitglieder den Patienten, der vorgestellt wird. Daher werden in der Stationsteamsupervision die Beziehungsperspektiven der Teilnehmer wie Mosaiksteine zu einem Gesamtbild zusammengetragen. Es ist erstaunlich, wie dies in einer Stunde durch ein mitarbeitendes Team gelingt. Problemlösungen werden phantasiert, konkrete Ausformungen liegen in der Regel außerhalb der Stationsteamsupervision.

Als wichtig für die Weiterbildung der Teilnehmer hat sich die Erläuterung und diagnostische Einordnung von psychischen Begleitsymptomen und Erkrankungen des Patienten erwiesen. Somit fokussieren wir in unserer Arbeit gerade auf die psychosomatische Kompetenzerweiterung jedes einzelnen Mitarbeiters.

Teamkonflikte sowie Organisationsdiagnostik haben ebenso ihren Platz. Sie stehen allerdings nicht im Vordergrund und sollten zum Thema gemacht werden, wenn die Probleme oder Konflikte die Arbeitsfähigkeit des Stationsteams stören.

Wie können wir die Ziele charakterisieren, die durch die Stationsteam-Supervision erreicht werden können?

Durch die Arbeit an der Beziehung zum Patienten, dem Aufspüren von Wünschen und Bedürfnissen, von Ängsten und Verwirrungen, von Stärken und Ressourcen soll die Wahrnehmungsfähigkeit, die Sensibilität und die Mitteilungsfähigkeit der Teammitglieder weiterentwickelt werden.

Damit verbessert sich die Qualität der persönlichen Betreung des Patienten und die Arbeitszufriedenheit steigt.

Durch die genauere von allen getragene Zusammenschau der Beobachtung am Patienten wird die Problemlösungskompetenz für diagnostische und therapeutische Prozesse erweitert.

Die Bearbeitung von Teamkonflikten, das Eingehen auf die soziale Realität und den institutionellen Kontext soll zur Entlastung und Stabilisierung der Einzelnen und des Teams dienen und die Möglichkeiten für erfolgreiche Konfliktbewältigungsstrategien schaffen.

Betrachten wir die Situation auf einer typischen Station der Medizinischen Universitätsklinik vom problemorientierten Ansatz aus, so erkennen wir die organisationsbedingten Störungen der Kommunikation und des Arbeitsklimas (z.B. zahlreiche Telefonanrufe während einer Visite), entdecken die wiederkehrenden Belastungen (Flurbetten), können die Entfremdung durch Zunahme an arbeitsteiliger Spezialisierung nachempfinden.

Mangelnde Kontinuität des Teams durch Fluktuation und Rotation verhindern eine stabilisierende Identitätsbildung.

Dies ist ein am Defizit orientierter Ansatz, der eine motivierende Ausstrahlung vermissen läßt.

Wenden wir uns nun dem ressourcenorientierten Ansatz zu, der auf die professionelle Kompetenz des Teams baut:

Das Team wird in seiner Weiterentwicklung der diagnostischen Fähigkeiten und der Erweiterung therapeutischer und pflegerischer Stärken unterstützt.

Der Kompetenzgewinn im Bereich psychosozialer Problemstellungen wird gefördert (Einbeziehung der Familie des Patienten). Dadurch werden die professionelle Motivation unterstützt und Bausteine für die Weiterbildung im Bereich der Psychosomatischen Grundversorgung hinzugefügt.

Die Evaluation von Supervisionsvorgängen und deren Wirkfaktoren befindet sich in den Anfängen. Die Legitimation der Supervision ist bisher fast ausschließlich über kasuistische Mitteilungen erfolgt.

Die vorliegende Studie gehört zu den ersten empirischen Untersuchungen von Supervisionseffekten bei Krankenhauspersonal. Insofern handelt es sich um ein Pilotprojekt, das sich neben der Dokumentation der konkreten Supervisionsarbeit (Durchführbarkeit, Teilnahme, Themen, Prozeßqualität etc.) die Entwicklung von angemessenen Methoden der Evaluation und Qualitätssicherung der Stationsteam-Supervision zur Aufgabe gemacht hat. Diese Zielsetzung wurde durch eine kontrollierte längsschnittliche Erfassung relevanter Variablen auf den Ebenen der Stationen und der Supervisionssitzungen realisiert.

Methodik:

Ein wichtiges Anliegen bei der Planung des Evaluations-Projekts war der Versuch, die Vielschichtigkeit von Supervision zu berücksichtigen. Folgende Ebenen sind prinzipiell für die Beurteilung von Supervisionseffekten wichtig:

Da sind zunächst die von der Supervision direkt oder indirekt betroffenen Personen: Die Supervisanden, der Supervisor und die Patienten.

Bezüglich der Effekte bei den professionellen Helfern, den Supervisanden, sollten unterschieden werden einerseits die *Entlastungsfunktion* (z.B. i.S. einer Verhinderung von Burnout), und andererseits die *Professionalisierungsfunktion*, also die Förderung von therapeutischen, diagnostischen und kommunikativen Kompetenzen. Zur Entlastungsfunktion von Supervision liegen bisher mehr empirische Arbeiten vor als zum zweiten Aspekt (Bönninger 1995).

Bei der Person des Supervisors existieren neben Merkmalen der Qualifikation und der Feldkompetenz auch individuelle Leitungsstile.

Ein Hauptziel sollte letztlich die Verbesserung der Situation der Patienten sein. Hierbei handelt es sich allerdings um eine Ebene, die für die empirische Forschung aufgrund der zahlreichen Einflußvariablen eine besondere Schwierigkeit darstellt.

Auf der Ebene der Supervisionsmethode erscheint es bei der Vielzahl der bestehenden Supervisionskontexte und Konzeptionen von Supervision sinnvoll, die Inhalte und die Rahmenbedingungen der Supervision zu dokumentieren.

Zur Analyse von Supervisionsprozessen stehen zwar einige theoretisch fundierte Beobachtungsverfahren aus der Sozial- und Kleingruppenforschung zur Verfügung; die Entwicklung von Verfahren auf der Basis spezieller Supervisionstheorien wäre hier allerdings wünschenswert.

Die organisatorische und institutionelle Ebene ist schließlich in besonderem Maße sowohl als Rahmenbedingung wie auch als Zielvariable zu berücksichtigen.

Man könnte sicherlich diese Aufzählung von Ebenen noch ausdifferenzieren oder erweitern. Grundsätzlich sollten bei der empirischen Evaluation von Supervision mehrere Ebenen gemeinsam berücksichtigt werden, inklusive natürlich der Ebene der empirischen Methode selbst.

Das Untersuchungsdesign des Pilotprojektes (siehe Abbildung 1) berücksichtigte die Ebene der Supervisanden, also der Mitarbeiter, die Ebene der Supervisionmethode und -prozesses und die institutionelle Ebene.

Auf der Ebene der Supervisanden wurden per Fragebogen zum einen Variablen zur Entlastungsfunktion erhoben: zur Messung des Burnout die Tedium Measure (TM; Pines et al., 1983), zur Erfassung körperlicher Beschwerden eine Kurzform der Freiburger Beschwerdenliste (FBL; Fahrenberg, 1975; Hampel & Fahrenberg, 1982) und zur Bewältigung von Belastungen der Coping-Fragebogen von Jerusalem (1990). Zum anderen erlaubt der von uns entwickelte Fragebogen zur Arbeitszufriedenheit und Erwartungen an Supervision (FABE; Hennch et al. 1994) auch die Beurteilung der Professionalisierungsfunktion, also von therapeutischen, diagnostischen und kommunikativen Kompetenzen. Die Befragung erfolgte längsschnittlich mit 3 Erhebungszeitpunkten im Abstand von jeweils einem halben Jahr. An der Befragung nahmen zum ersten Zeitpunkt zu Beginn der Supervision (T1) N=60 Mitarbeiter, zum zweiten Zeitpunkt nach einem halben Jahr (T2) N=42 und zum dritten Zeitpunkt nach einem Jahr Supervision (T3) N=34 Mitarbeiter teil.

Auf der Ebene der Supervision wurden kontinuierlich Inhalte und Verlauf der einzelnen Supervisionssitzungen mit dem Dokumentationsbogen Stationsteam-Supervision (Hartmann, 1994) dokumentiert und das Interaktionsverhalten der Teilnehmer sowie des Supervisors mit dem System für die mehrstufige Beobachtung von Gruppen (SYMLOG; Bales & Cohen, 1982, Kröger, Wälte & Drinkmann, 1996) durch externe Beobachter erfaßt. Insgesamt wurden Daten von 164 Supervisionssitzungen auf 5 Stationen erhoben.

Schließlich wurde auch noch die institutionelle Ebene durch die Erhebung von objektiven Daten zu Fluktuation und Fehlzeiten berücksichtigt. Die Ebene der Patienten konnte im vorliegenden Pilotprojekt nicht mituntersucht werden.

Die längsschnittliche Verlaufsbeobachtung über ein Jahr wurde durch einen querschnittlichen Vergleich von Stationen mit kurzer und mit langjähriger Supervisionserfahrung ergänzt, indem außer drei Stationen, die erstmalig Stationsteam-Supervision erhielten zwei Stationen mit langjähriger Supervisionserfahrung mit in die Studie aufgenommen wurden.

Abb. 1: Untersuchungsdesign

Datenebene	Datenbasis		
	T1 – Beginn	T2 – ½ Jahr	T3 – 1 Jahr
Supervisanden: *Mitarbeiter*	Fragebögen zu - Burnout (**TM**) - körperlichen Beschwerden (**FBL**) - Bewältigung von Belastungen (**Coping**) - Arbeitszufriedenheit und Erwartungen an Stationsteam-Supervision (**FABE**) **kontinuierlich**		
Supervisionsmethode/-prozeß: *SupervisorIn externe BeobachterIn*	- Dokumentationsbogen Stationsteam-Supervision - System for the Multiple Level Observation of Groups (**SYMLOG**)		
Institutionell: *objektive Daten*	Fehlzeiten Fluktuation		

Teil 2: Praxis der Supervision im Klinikkontext

Im Rahmen dieses Beitrages werden wir uns auf die *Dokumentation der Supervisionsmethode bzw. des -prozesses* und auf die Ergebnisse zur *Arbeitszufriedenheit und den Erwartungen an die Stationsteam-Supervision* beschränken.

Ergebnisse:

1. Dokumentation der Inhalte und des Verlaufs der Supervisionssitzungen

Eine berufsgruppenübergreifende Team-Supervision auf Akut-Stationen ist im Prinzip eine Neuheit. Deshalb ist es wesentlich, tatsächlich auch dokumentieren zu können, ob entsprechend unserer Konzeption alle Berufsgruppen des Stationsteams regelmäßig das Supervisionsangebot nutzen. Die durchschnittliche Teilnehmerzahl je Station besteht im Untersuchungszeitraum aus 6 Pflegekräften (SD=1,9) 2,2 ÄrztInnen (SD=1,3) und 1,4 Angehörigen anderer Berufsgruppen (SD=1,1). Das Supervisionsangebot wurde also berufsgruppenübergreifend angenommen.

Um welche Themen geht es in der Stationsteam-Supervision?
Wie aus Abbildung 2 ersichtlich, steht bei Erörterung von patientenzentrierten Themen die Krankheitsverarbeitung des Patienten im Mittelpunkt.

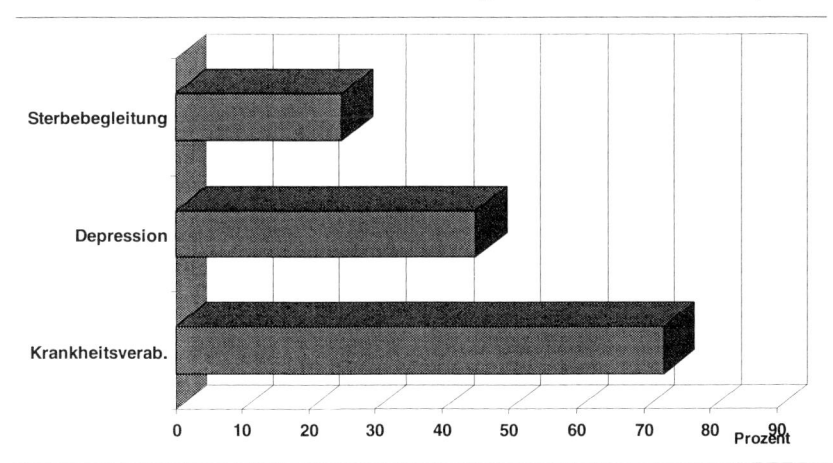

Abb. 2: Anteil patientenzentrierter Themen in der Stationsteam-Supervision (N=154 Sitzungen)

Die Themen Depressivität und Sterbebegleitung werden auch behandelt, wenn auch mit geringerem Gewicht.

Es werden jedoch nicht nur Patientenprobleme erörtert, sondern es geht häufig auch um die Zusammenarbeit im Team. Interaktionen im Team werden entweder als gesondertes Thema eingeführt oder sie treten als Thema bei der Besprechung eines Patienten auf, was nach unserem Verständnis die Regel sein sollte. Am häufigsten geht es um Interaktionen zwischen Pflege und Ärzten (69,3 %). Die Interaktion innerhalb des Pflegeteams steht ebenfalls oft im Vordergrund (54,2 %). Die Beziehung des Supervisors zum Stationsteam (41,5%), die Kommunikation der Ärzte untereinander (32,3 %) und der institutionelle Rahmen (32 %) kommen wiederholt als Themen vor. Seltener geht es um die Stationsleitung (19 %) oder die Pflegedienstleitung (13,7 %). Die häufige Thematisierung der Interaktion zwischen Pflegeteam und Ärzteteam zeigt, daß in diesem Rahmen die oft konstatierten Kommunikationsprobleme zwischen Pflegepersonal und Ärzten in der Supervision bearbeitet werden. Durch unsere kontinuierliche Interaktionsbeobachtung konnten wir feststellen, daß auf Stationen mit längerer Supervisionserfahrung das Pflegepersonal an Einfluß gewinnt und sich somit spezifische Diskrepanzen im Interaktionsverhalten zwischen diesen beiden Berufsgruppen ausgleichen.

In welchem Verhältnis stehen nun patienten- und teamzentrierte Themenbearbeitung? In Abbildung 3 ist die Patienten- versus Teamzentrierung auf einer Station mit *kürzerer* Supervisionserfahrung im Verlauf von 35 Sit-

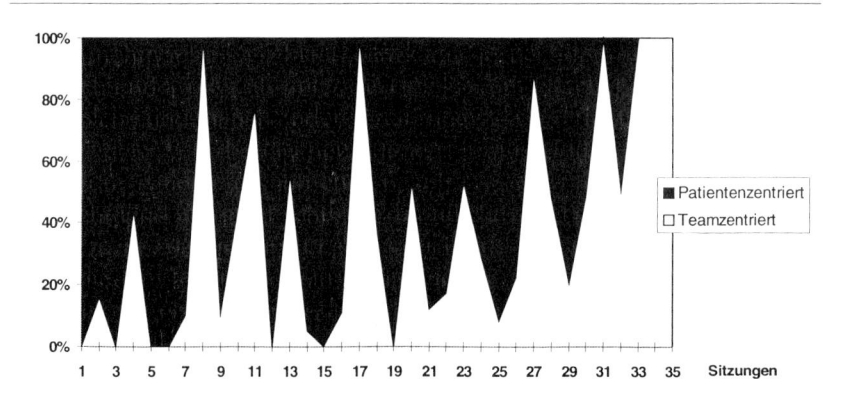

Abb. 3: Patienten- versus Teamzentrierung – Station mit kürzerer Supervisionserfahrung

Teil 2: Praxis der Supervision im Klinikkontext

zungen im Zeitraum von 12 Monaten dargestellt. In der ersten Sitzung wurde ein ausschließlich patientenbezogenes Thema bearbeitet, in der zweiten Sitzung wurden zusätzlich Teamkonflikte thematisiert. Im weiteren Verlauf zeigt sich ein ständiger Wechsel zwischen Team- und Patientenzentrierung, wobei teilweise beide Aspekte mit je unterschiedlichem Gewicht vorkommen, aber auch bei über einem Drittel der Sitzungen ausschließlich Team- oder Patientenzentrierung thematisch vorliegt.

Demgegenüber zeigt sich im Verlauf von Stationen mit *längerer* Supervisionserfahrung, wie am Beispiel der Abbildung 4 zu sehen ist, keine Sitzung mit isolierter Bearbeitung von team- oder patientenbezogenen Themen, sondern eine kontinuierlich integrierte Betrachtung beider Aspekte.

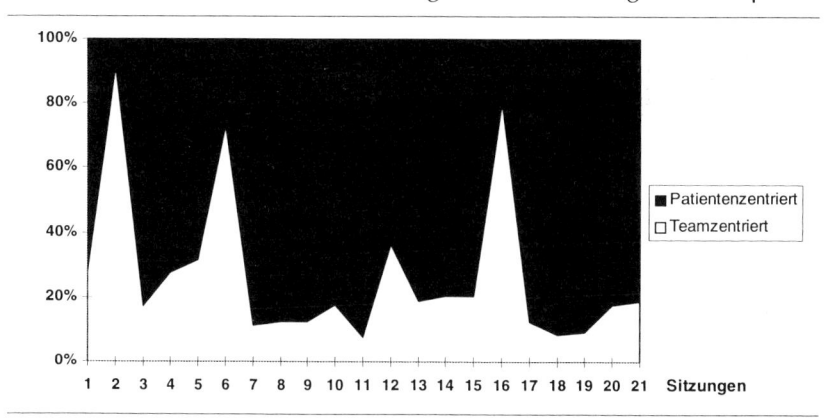

Abb. 4: Patienten- versus Teamzentrierung – Station mit längerer Supervisionserfahrung

Bei kontinuierlicher Stationsteam-Supervision über einen längeren Zeitraum entwickelt sich also die Fähigkeit, patientenbezogene Probleme und Teamkonflikte in ihrer gegenseitigen Wechselwirkung zu erkennen und integriert zu bearbeiten.

Ergeben sich Unterschiede im Interaktionsstil der verschiedenen Berufsgruppen?

Die von uns angewandte Methode zur Gruppenbeobachtung SYMLOG (Bales & Cohen, 1982) erfaßt das Interaktionsverhalten auf drei Dimensionen: der Zielorientierung, der Freundlichkeit und des Einflusses, den eine Person in einer Gruppe hat.

Uns interessierte zunächst, ob sich mit unserer Methode Unterschiede im Interaktionsstil der verschiedenen Berufsgruppen finden lassen. Das ärztliche Personal zeigt die höchste Zielorientierung, erscheint am freundlichsten und hat den stärksten Einfluß in der Gruppe. Mitarbeiter des Pflegepersonals sind durchschnittlich weniger zielorientiert, erscheinen etwas weniger freundlich und haben etwas weniger Einfluß als das ärztliche Personal. Die Personen anderer Berufsgruppen, zu denen v.a. die KrankenpflegeschülerInnnen zählen, erscheinen eher emotional als zielorientiert, zeigen sich in der Supervisionsgruppe wenig zugewandt und haben den geringsten Einfluß im Verlauf einer Supervisionssitzung. Unterschiede in den Durchschnittswerten hängen signifikant von der Berufsgruppenzugehörigkeit ab.

In Abbildung 5 ist das durchschnittliche Einflußgefälle zwischen Ärzten und Pflegepersonal dargestellt. Zwischen Stationen mit langer und kurzer Supervisionserfahrung zeigt sich eine tendenzielle Wechselwirkung ($p=0.08$): Auf den neu supervidierten Stationen ist das Einflußgefälle zwischen ärztlichem Personal und Pflegepersonal deutlich ausgeprägt; dagegen ist der Einfluß dieser beiden Berufsgruppen auf den Stationen mit langjähriger Supervision eher ausgeglichen.

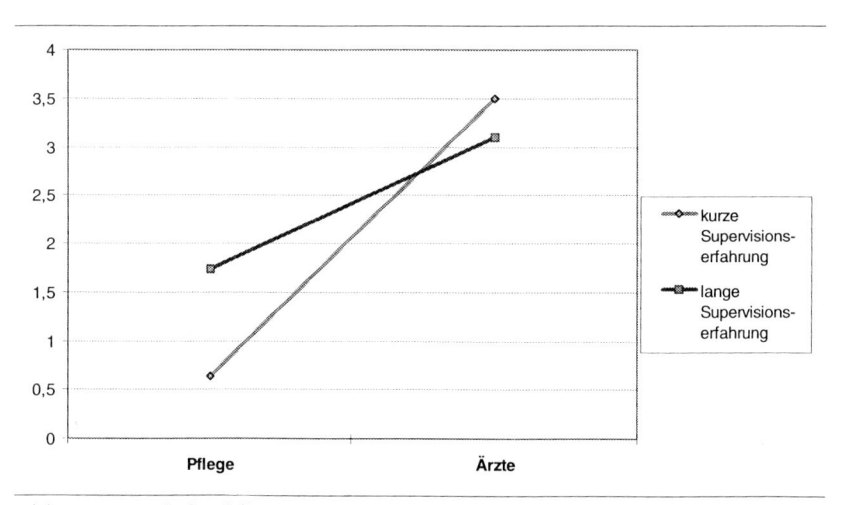

Abb. 5: Einflußgefälle zwischen Pflegepersonal und ärztlichem Personal auf Stationen mit kurzer versus langer Supervisionserfahrung

Teil 2: Praxis der Supervision im Klinikkontext 135

2. Erwartungen und Effekte der Stationsteam-Supervision

Anhand der Ergebnisse der Mitarbeiterbefragung werden zwei Fragen erörtert:
- welche Erwartungen haben die Mitarbeiter an eine Stationsteam-Supervision?
- welche Auswirkungen auf die Beurteilung der Arbeitssituation zeigen sich?

Die durchschnittlichen Erwartungen sind in Abbildung 6 auf der horizontalen Achse von 1 („keine Verbesserung wird erwartet") bis 5 („Verbesserung wird erwartet") dargestellt. Von den Mitarbeitern werden besonders im Bereich des Kommunikationsstils auf Station und der Patientenorientierung Verbesserungen erwartet. Ebenfalls positive Impulse werden bezüglich des Arbeitsklimas, der Kooperation, z.B. zwischen Ärzten und Pflegepersonal, der Transparenz von Entscheidungen und Aufgaben erhofft. Ein Einfluß auf die Berufsperspektiven sowie den Bereich von Freizeit und Familie wird für nicht wahrscheinlich gehalten. Somit wird dokumentiert, daß die Erwartungen an die Stationsteam-Supervision gut mit den Zielen der Methode übereinstimmen.

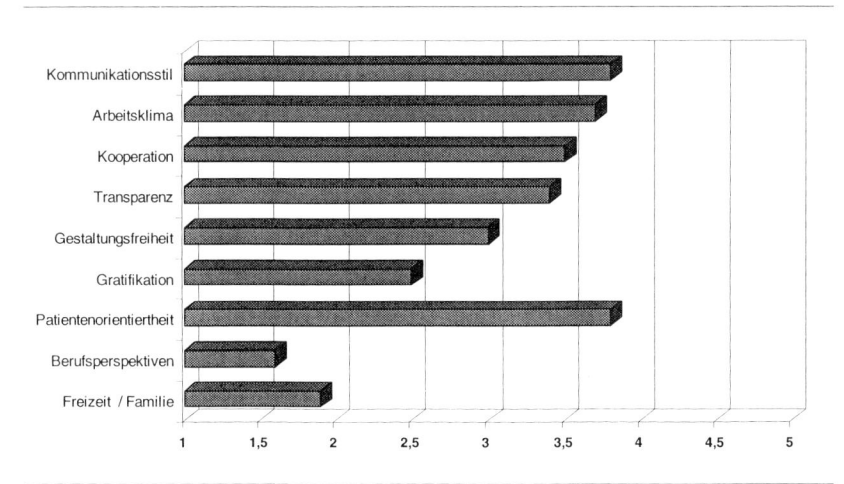

Abb. 6: Erwartungen an die Stationsteam-Supervision (T1; N=60) (1=„wird nicht verbessert"; 5=„wird verbessert")

Die Arbeitssituation zu Beginn der Supervision (Abbildung 7) wurde in fast allen Bereichen als relativ befriedigend beurteilt. Im Durchschnitt weniger zufrieden sind die Mitarbeiter mit ihren Berufsperspektiven und mit ihrer Freizeit bzw. ihrem Familienleben. Diese Beurteilungen der Mitarbeiter spiegeln erfreulicherweise das Bild einer leistungsfähigen Klinik wider. Die Ergebnisse haben uns überrascht, da sie unsere Hypothesen bezüglich der Probleme auf Station nicht bestätigen. Hierdurch wird in Frage gestellt, ob die Erwartungen an die Stationsteam-Supervision allein i.S. einer Behebung von Problemen oder Defiziten zu verstehen sind. Bei der Beurteilung nach einem Jahr äußern sich die Mitarbeiter, die mindestens zehn Monate an der Supervision teilgenommen hatten, bezüglich aller Bereiche der Arbeitssituation zufriedener als ein Jahr zuvor. Die Beurteilung der Arbeitssituation hat sich in den Bereichen Kooperation, Transparenz, Gestaltungsfreiheit, Berufsperspektiven und auch im Bereich Freizeit bzw. Familie signifikant verbessert. Die Verbesserung im privaten Bereich ist im Zusammenhang mit der Entlastungsfunktion zu sehen, was man sich so vorstellen kann, daß belastende Erlebnisse durch die Supervison am Arbeitsplatz, statt zu Hause verarbeitet werden können.

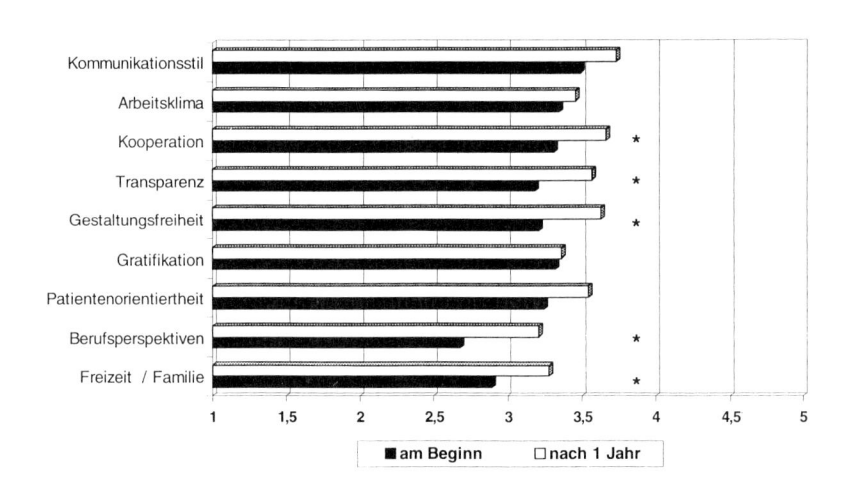

Abb. 7: Beurteilung der aktuellen Arbeitssituation zu Beginn (T1; N=60) u. nach 1 Jahr Supervision (T3; N=34) (1=schlecht, 5=sehr gut)

Diskussion

Die vorliegende Studie gehört zu den ersten empirischen Untersuchungen von Supervisionseffekten bei Krankenhauspersonal. Insofern handelt es sich um ein Pilotprojekt, das sich neben der Dokumentation der konkreten Supervisionsarbeit (Durchführbarkeit, Teilnahme, Themen, Prozeßqualität etc.) die Entwicklung von angemessenen Methoden der Evaluation und Qualitätssicherung der Stationsteam-Supervision zur Aufgabe machte.

Diese Zielsetzung wurde durch eine längsschnittliche Erfassung relevanter Variablen auf den Ebenen der Stationen und der Supervisionssitzungen realisiert. Ein Kontrollgruppendesign konnte leider nicht vollständig umgesetzt werden, da die Stationen, die keine Supervision erhielten, eine deutlich geringere Motivation zur Teilnahme an der Befragung zeigten.

Bei der Befragung zu Projektbeginn wurde die Arbeitssituation im Durchschnitt eher positiv beurteilt.

Von der Stationsteam-Supervision werden deutliche Verbesserungen erwartet, insbesondere in den Bereichen Patientenorientiertheit, Kommunikationsstil, Arbeitsklima, Kooperation und Transparenz. Die Erwartungen an die Stationsteam-Supervision decken sich also nicht nur mit den Zielen dieser Methode, es werden auch gerade in den Bereichen positive Impulse angenommen, die aufgrund ihrer Bedeutung für die Funktionsfähigkeit des Teams relevant sind. Gleichzeitig wird deutlich, daß es hierbei um Bereiche geht, etwa bei der Patientenorientiertheit und der Transparenz, denen auch eine qualitätssichernde Funktion zukommt.

Durch die Wiederholung der Befragung nach einem halben Jahr und nach einem Jahr konnten Veränderungen aus der Sicht der Mitarbeiter im Verlauf von 12 Monaten Stationsteam-Supervision erfaßt werden. Zu berücksichtigen ist, daß Entwicklungen in diesem Zeitraum nicht ohne weiteres als Effekte der Supervisionsarbeit interpretiert werden können, da die Stationen zahlreichen äußeren wie inneren Bedingungen ausgesetzt sind, die unabhängig von Supervision sind.

Der Rückgang der Beteiligung an den zwei folgenden Befragungen ist vor dem Hintergrund der Fluktuation der Mitarbeiter auf den Stationen zu betrachten. Aufgrund der halbjährlichen Rotation der Assistenzärzte und der ebenfalls kurzen Zugehörigkeit der Pflegekräfte zu einer Station (50% arbeiten nicht länger als 15 Monate auf ihrer Station) reduzierte sich die Anzahl der Mitarbeiter, die über den gesamten Zeitraum der Untersuchung dem jeweiligen Team angehörten. Dadurch wird eine grundlegende Aufgabe und auch Schwierigkeit der Supervision von Stationsteams deutlich:

die kontinuierliche Integration von sich fortlaufend auflösenden und neu bildenden Arbeitsbeziehungen in einem Team.

Bei der Einschätzung nach einem Jahr äußern sich die Mitarbeiter mit Supervisionserfahrung bezüglich aller Bereiche der Arbeitssituation zufriedener als zu Beginn. Die Veränderungen im Verlauf zeigen eine Tendenz in positiver Richtung.

Die Erfahrung des einjährigen Pilotprojekts hat gezeigt, daß sich Stationsteam-Supervision in den Arbeitsablauf der internistischen Stationen integrieren läßt. Die regelmäßige Teilnahme aller Berufsgruppen demonstriert, daß das Konzept vom gesamten Stationsteam genutzt werden konnte.

Die häufige Thematisierung der Interaktion zwischen Pflege- und Ärzteteam in der Supervision zeigt, daß in diesem Rahmen die oft konstatierten Probleme bei der Zusammenarbeit (Kooperations- und Kommunikationsprobleme) zwischen Pflegepersonal und Ärzten bearbeitet werden. In Abhängigkeit der Dauer der Supervisionserfahrungen können sich spezifische Unterschiede im Interaktionsverhalten zwischen diesen beiden Berufsgruppen ausgleichen, und zwar, wie dokumentiert werden konnte, indem das Pflegepersonal an Einfluß gewinnt. Die Entwicklung einer gleichberechtigten Interaktion muß selbstverständlich als die Voraussetzung für die Funktionsfähigkeit eines Stations-„Teams" angesehen werden.

Im Umgang mit team- und patientenzentrierten Themen wurden Unterschiede zwischen Stationen mit langer und kurzer Supervisionserfahrung sichtbar, die verdeutlichen, daß eine optimale Patientenorientierung nur durch eine kontinuierliche Supervisionsarbeit erreicht werden kann.

Diese Perspektive wird auch von den Mitarbeitern geteilt, die, obwohl sie die Supervisionsarbeit zu einem gewissen Teil noch für verbesserungswürdig erachten, mit überragender Mehrheit eine kontinuierliche Fortsetzung wünschen.

Zusammenfassend erlauben die vorliegenden Ergebnisse also folgende Schlußfolgerungen:
- Stationsteam-Supervision verbessert schon im Verlauf von einem Jahr die Arbeitssituation der Mitarbeiter.
- Die Mitarbeiter haben besonders Erwartungen an die Supervision in den Bereichen, in denen sie sich selbst schon qualifiziert fühlen. Die Konsequenz auf der konzeptuellen Ebene bedeutet deshalb für uns: es geht nicht in erster Linie um Krisenintervention, sondern die Aufgabenstellung ist die ressourcenorientierte Professionalisierung von Stationsteams.

Literatur

Bales, F. & Cohen, S.P. (1982). *Ein System für die mehrstufige Beobachtung von Gruppen.* Stuttgart: Klett-Cotta

Bönninger, C. (1995). Supervision für Pflegekräfte: Psychohygiene oder mehr? (1. Teil). *Pflege,* 8, 37-42.

Fahrenberg, J. (1975). Die Freiburger Beschwerden-Liste (FBL). *Zeitschrift für Klinische Psychologie,* 4, 79-100.

Hahn, P., Petzold E. & Drinkmann, A. (1991). *Internistische Psychosomatik in Heidelberg. 10 Jahre Abteilung 1.1.2. Innere Medizin II – Schwerpunkt: Allgemeine Klinische und Psychosomatische Medizin, Medizinische Universitätsklinik (Ludolf-Krehl-Klinik), 1979–1988.* Heidelberg: Esprint.

Hartmann, A. (1994). Supervisionsgruppen für Krankenpflegepersonal und Stationsteams: Ergebnisse einer Dokumentation. In P. Hahn, A. Werner et al. (Hrsg.), *Modell und Methode in der Psychosomatik: Eine Bestandsaufnahme gegenwärtiger psychosomatischer Forschungs- und Arbeitsansätze,* S. 254-260. Weinheim: Deutscher Studien Verlag.

Hennch, C., Hartmann, M., Jansen, C., Jünger, J., Sohn, E. & Werner, A. (1994). *Fragebogen zu Arbeitsbedingungen und Erwartungen an Supervision (FABE): Forschungsversion.* Innere Medizin II, Medizinische Universitätsklinik Heidelberg.

Jerusalem, M. (1990) *Coping: Forschungsversion.* Institut für Psychologie, FB Erziehungswissenschaften der FU Berlin.

Kröger, F., Wälte, D. & Drinkmann, A. (1996). Interpersonale Diagnostik im SYMLOG-Raum. *Gruppentherapie und Gruppendynamik,* 32, 1-21.

Pines, A.M., Aronson, E. & Kafry, D. (1983). *Ausgebrannt. Vom Überdruß zur Selbstentfaltung.* Stuttgart: Klett-Cotta.

Autorinnen und Autoren

BECK, WERNER
Beckstraße 52
D-64287 Darmstadt

DIETERLE, WILFRIED
Klinikum der Albert-Ludwigs-Universität Freiburg
Abt. für Psychosomatik und Psychotherapeutische Medizin
Hauptstraße 8
D-79104 Freiburg

FENGLER, JÖRG
Universität zu Köln
Seminar für Heilpädagogische Psychologie und Psychiatrie
Frangenheimstraße 4
D-50931 Köln

FERNER, HANS
Am Ritterkamp 6a
D-40545 Tecklenburg

FÜRSTENAU, PETER
Grafenberger Allee 365
D-40235 Düsseldorf

HENNCH, CHRISTOPH
Klinikum der der Ruprecht-Karls Universität Heidelberg, Abt. Innere Medizin II (Allgemeine Klinische und Psychosomatische Medizin)
Bergheimer Straße 58
69115 Heidelberg

MURJAHN, BIRGIT
Klinikum der Albert-Ludwigs-Universität Freiburg
Abt. für Psychosomatik und Psychotherapeutische Medizin
Hauptstraße 8
D-79104 Freiburg

SCHWEITZER, JOCHEN
Klinikum der Ruprecht-Karls Universität Heidelberg
Abt. Psychotherapie und Medizinische Psychologie
Bergheimer Straße 20
69115 Heidelberg

TRENKEL, ARTHUR
Kramgasse 47
CH-3011 Bern

VON SCHLIPPE, ARIST
Fach Klinische Psychologie
Fachbereich Psychologie
Universität Osnabrück
Knollstraße 15
49074 Osnabrück

WERNER, ANDREAS
Klinikum der der Ruprecht-Karls Universität Heidelberg, Abt. Innere Medizin II (Allgemeine Klinische und Psychosomatische Medizin)
Bergheimer Straße 58
69115 Heidelberg

WIDAUER, HERMANN
Landesnervenklinik Salzburg
Ignaz-Harrer-Straße 79
A-5020 Salzburg

WITTICH, ANDREA
Klinikum der Albert-Ludwigs-Universität Freiburg
Abt. für Psychosomatik und Psychotherapeutische Medizin
Hauptstraße 8
D-79104 Freiburg

„Brücken ..." Schriften zur Interdisziplinarität

Hrsg.: PD Dr. Günther Bergmann

Die Schriftenreihe „**Brücken ...**" nimmt ihren Ausgang von der Tradition der Heidelberger Brückenkongresse, die seit 1986 jeweils im Wechsel von der Sektion Klinische Psychosomatik der Abteilung für Allgemeine Klinische und Psychosomatische Medizin der Medizinischen Universitätsklinik Heidelberg und der Sektion Allgemeinmedizin veranstaltet werden. Aus dem Brückenschlag zwischen diesen beiden Disziplinen – Psychosomatik und Allgemeinmedizin – entwickelte sich zunehmend ein Forum für interdisziplinäre Fragen. Nicht nur eine wiederholte Überprüfung des Verhältnisses von „Allgemeinem" zu „Speziellem", sondern auch die notwendige Orientierung zusammen mit anderen Disziplinen wie Philosophie, Theologie, Sozialmedizin, Epidemiologie u.a. sowie differenzierte methodische Ansätze traten zunehmend in der Vordergrund.

In der Medizin ist es zu einer unvermeidbaren zunehmenden Spezialisierung und Fragmentierung gekommen. Die Reihe „**Brücken ...**" will diese Problematik aufgreifen und durch Schriften und Beiträge die Möglichkeit geben, ein spezielles Thema aus unterschiedlichen Disziplinen und methodischen Standpunkten zu beleuchten. Der Zugang hierzu kann in Form empirischer Forschungsergebnisse, phänomenologischer und hermeneutischer Darstellungen oder als origineller kasuistischer Beitrag erfolgen. Mehrere Autoren werden zu den jeweiligen unterschiedlichen methodischen Ansätzen und Schulen Stellung nehmen.

Ausgehend vom Kernfachgebiet der **Psychosomatischen** und **Psychotherapeutischen Medizin** sollen **Brücken** zu anderen medizinischen Fachgebieten und verwandten Wissenschaftsbereichen geschlagen werden.

Die Reihe wendet sich an praktisch tätige und wissenschaftlich interessierte PsychotherapeutInnen, ÄrztInnen, PsychologInnen, PsychoanalytikerInnen, SozialwissenschaftlerInnen, SozialpädagogInnen, TheologInnen, PhilosophInnen und SozialmedizinerInnen.

Verlag für Akademische Schriften
Kurfürstenstraße 18
60486 Frankfurt-Bockenheim
Telefon (069) 77 93 66
Fax (069) 7 07 39 67

„Brücken ..." Schriften zur Interdisziplinarität

Band 1:
W. Herzog, G. Bergmann,
D. Munz, W. Vandereycken (Hrsg.):

Anorexia und Bulimia nervosa –
Ergebnisse und Perspektiven
in Forschung und Therapie

ISDN 3-88864-212-4 · 131 Seiten · 1996 · 32 DM

Brücken ...
Schriften zur Interdisziplinarität
Hrsg.: Günther Bergmann

Band 2:
W. Kämmerer (Hrsg.):
Körpersymptom und Psychotherapie – der Umgang mit dem Symptom:
Zur Spannung zwischen krankem Körper und Person
ISBN 3-88864-228-0 · 1997 · 210 Seiten · 38 DM

Körpersymptome, besonders wenn sie erstmalig und krisenhaft auftreten, belasten in Folge ihrer Rätselhaftigkeit das körperliche Selbstverständnis des Betroffenen in besonderer Weise oder lassen es gar zerbrechen. Dies führt zu einer charakteristischen, krisenhaften Spannung zwischen Körper und Selbsterleben. Diese gespannte Beziehung spiegelt sich nicht nur im Umgang des Betroffenen mit seiner Umwelt, sondern gerade auch zu seinem Arzt: Während der Patient dringend hofft, daß „etwas gefunden" werde, verlaufen körperliche Untersuchungen bei funktionell Kranken „ohne Befund". Umgekehrt konfrontieren Patienten mit körperlichen Beschwerden auch ihren Psychotherapeuten – wenn sie denn den Weg zu ihm gefunden haben – mit ihrem großen Zweifel am Wert dieser Bemühungen und äußern statt dessen den Wunsch nach erneuten körperlichen Untersuchungen.
In einer solchen Situation hilft die intensive Beschäftigung mit dem Körper, wie der Patient ihn erlebt: rätselhaft, bedrohlich, unzuverlässig. Die Triangulierung „Kranker Körper – Arzt – Patient" weist Besonderheiten auf, welche die therapeutische Beziehung deutlich von der Behandlung neurotisch Kranker unterscheidet. Dies gilt es zu erkennen und therapeutisch zu nutzen.

In Vorbereitung: Band 4

A. Bauer, W. Eich, R. Haux, W. Herzog, J.C. Rüegg, J. Windeler (Hrsg.):
Wissenschaftlichkeit in der Medizin
Physiologie und Psychosomatik: Versuche einer Annäherung
ISBN 3-88864-249-3 · 1998 · 175 Seiten · 37 DM

Verlag für Akademische Schriften
Kurfürstenstraße 18
60486 Frankfurt-Bockenheim
Telefon (069) 77 93 66
Fax (069) 7 07 39 67

VAS

Aus der Reihe „Psychosoziale Aspekte in der Medizin"

Volker Wanek
Machtverteilung im Gesundheitswesen:
Struktur und Auswirkungen
ISBN 3-88864-062-8 · 450 Seiten · 58 DM

Thomas Gerlinger, Hans-Ulrich Deppe
Zur Einkommensentwicklung bei
niedergelassenen Ärzten
ISBN 3-88864-070-9 · 110 Seiten · 28 DM

Jürgen Schmidt
Evaluation einer Psychosomatischen Klinik
ISBN 3-88864-030-X · 600 Seiten · 69 DM

Monika Frank-Auth
Psychosomatische Ansätze der Hörsturzforschung
Eine literaturkritische Arbeit
ISBN 3-88864-035-0 · 129 Seiten · 25 DM

Artur Schaible
Zeugungsunfähigkeit und Kinderwunsch
Eine Untersuchung über Akzeptanz und psychische Belastung
erfolgreich durchgeführter artifizieller donogener Insemination
ISBN 3-88864-039-3 · 170 Seiten · 32 DM

Bibiane Schwartz-Kraft
Bedeutung der Paarbeziehung von Koronarpatienten
für Entstehung und Verlauf der Krankheit
ISBN 3-88864-043-1 · 135 Seiten · 30 DM

Annette Overbeck-Kurzidim
Rezidivauslösende Faktoren und dreijähriger Krankheitsverlauf
bei Morbus-Crohn- und Colitis-ulcerosa-Patienten
ISBN 3-88864-060-1 · 100 Seiten · 25 DM

Christoph Schmeling-Kludas
Psychosomatik im Allgemeinen Krankenhaus –
Belastungsspektrum, Bewältigung und Therapiemöglichkeiten
bei internistischen Patienten
ISBN 3-88864-088-1 · 244 Seiten · 40 DM

Norbert Lübke
„Die Krankheit ist nur ein Teil meines Lebens"
Krankheitsbewältigung in Selbsthilfegruppen
ISBN 3-88864-092-X · 210 Seiten · 35 DM

Günther Bergmann
Lebensalter und koronare Herzerkrankung –
die Bedeutung psychologischer Faktoren für
die klinische Erstmanifestation
ISBN 3-88864-095-4 · 220 Seiten · 38 DM

Klaus Stegmüller
Wettbewerb im Gesundheitswesen –
Konzeptionen zur „dritten Reformstufe" der Gesetzlichen
Krankenversicherung
ISBN 3-88864-207-8 · 330 Seiten · 45 DM

Christian Heinrich Röder
Neurotische Krankheitsverarbeitung –
ein Beitrag zur interaktionellen und interpersonellen
Psychosomatik
ISBN 3-88864-221-3 · 216 Seiten · 34 DM

Christiane Bleich
Übergang zur Erstelternschaft:
Die Paarbeziehung unter Streß?
ISBN 3-88864-226-4 · 215 Seiten · 38 DM

Christoph Schmeling-Kludas, Hans L. Wedler
Integrierte Psychosomatische Medizin in der internistischen
Abteilung eines Allgemeinen Krankenhauses
Entwicklung, erreichte Versorgungsqualität und Evaluation
ISBN 3-88864-243-4 · 105 Seiten · 26 DM

Verlag für Akademische Schriften
Kurfürstenstraße 18
60486 Frankfurt-Bockenheim
Telefon (069) 77 93 66
Fax (069) 7 07 39 67

VAS

Weitere Veröffentlichungen im VAS zu sozialmedizinischen Themen

F. Lamprecht, R. Johnen (Hrsg.)
Salutogenese – Ein neues Konzept in der Psychosomatik?
Kongreßband über die 40. Jahrestagung des DKPM
3. überarbeitete Auflage
ISBN 3-88864-064-4 · 280 Seiten · 39 DM · 1997

W. Senf, G. Heuft (Hrsg.)
Gesellschaftliche Umbrüche – individuelle Antworten
Kongreßband über die 41. Jahrestagung des DKPM
ISBN 3-88864-074-1 · 340 Seiten · 40 DM

H. Willenberg, S.O. Hoffmann (Hrsg.)
Handeln – Ausdrucksform psychosomatischer Krankheit und Faktor der Therapie
43. Jahrestagung des DKPM
ISBN 3-88864-200-0 · 215 Seiten · 39 DM

M. Franz, W. Tress (Hrsg.)
Psychosomatische Medizin – Ankunft in der Praxis
45. Arbeitstagung des Deutschen Kollegiums für Psychosomatische Medizin
ISBN 3-88864-230-2 · 240 Seiten · 35 DM ·1997

Hans-Christian Deter, Hans Henning Studt (Hrsg.)
Psychotherapeutische Medizin und ihr Kontext
Gesundheitspolitische, historische und fachübergreifende Aspekte eines neuen ärztlichen Gebietes
ISBN 3-88864-244-2 · 135 Seiten · 35 DM · 1997

Reinhard Pfeiler
Depression – zur Problematik der psychiatrischen symptomorientierten Diagnostik
ISBN 3-88864-206-X · 197 Seiten · 38 DM · 1996

Verlag für Akademische Schriften
Kurfürstenstraße 18
60486 Frankfurt-Bockenheim
Telefon (069) 77 93 66
Fax (069) 7 07 39 67

VAS